Tilmann Bünz

Fünf Meter
unter dem Meer

Niederlande für Anfänger

btb

Mitarbeit: Isabel Wirtz

MIX
Papier aus verantwor-
tungsvollen Quellen
FSC® C014496
FSC
www.fsc.org

Verlagsgruppe Random House FSC® N001967

1. Auflage
Originalausgabe August 2016,
Copyright © 2016 by btb Verlag
in der Verlagsgruppe Random House GmbH,
Neumarkter Str. 28, 81673 München
Umschlaggestaltung: semper smile, München
Umschlagmotiv: © Atlantide Phototravel/Corbis
Satz: Uhl + Massopust, Aalen
Druck und Einband: GGP Media GmbH, Pößneck
UB · Herstellung: sc
Printed in Germany
ISBN 978-3-442-71414-8

www.btb-verlag.de
www.facebook.com/btbverlag
Besuchen Sie auch unseren LiteraturBlog www.transatlantik.de!

Niederländer kommen ohne Vorhänge vor den Fenstern
aus, sie radeln bei jedem Wetter und sind berüchtigt für ihr
Gewächshausgemüse. Ihre Sprache klingt vertraut,
wenn auch sehr heiser. Sie sind uns nah und doch so fern.
Aber wie sind sie wirklich? Die Niederlande sind das einzige Land
Europas, das seine Existenz einer reinen Willensanstrengung
verdankt; die Niederländer haben ihr Land selbst erschaffen.
Das hat die Menschen geprägt zwischen Nordsee und den großen
Flüssen. Der ARD Reporter Tilmann Bünz geht den Vorurteilen
auf den Grund. Er fragt, was von der sprichwörtlichen Toleranz
übrig geblieben ist, und nimmt an einer Einbürgerungsfeier
in einem Saal voller Kopftücher teil. Er testet Tomaten, begleitet
Fahrraddiebe und segelt über das Eis des IJsselmeeres.
Er besucht alte Widerstandskämpferinnen und fragt nach,
warum die Niederländer auf einmal Deutschland mögen.
Seine Reise in den Niederlanden beginnt zwischen Millionen von
Tulpen und endet in den Grachten von Amsterdam –
immer auf dem Fahrrad, weil das die beste Art ist,
Land und Leute zu erfahren.

*»Es tut immer gut, ab und zu einen Spiegel
vorgehalten zu bekommen, auch uns Niederländern.«*
Monique van Daalen, Botschafterin der Niederlande, Berlin

TILMANN BÜNZ reist seit zwanzig Jahren als Reporter für die
ARD durch die Welt. Er liebt den Norden und die Niederlande.
Seine Stationen: Friedensdienst in Amsterdam, Evangelische
Akademie Tutzing, Redakteur bei Tagesschau und Tagesthemen,
Nordeuropa-Korrespondent der ARD, Auslandseinsätze in
Tokyo, Bangkok, Washington, London. Autor von zwei
Dutzend Fernseh-Features u. a. »Die Niederlande.
Unbekannte Nachbarn«. Tilmann Bünz ist verheiratet und
hat zwei erwachsene Kinder.

TILMANN BÜNZ BEI BTB
Wer die Kälte liebt. Skandinavien für Anfänger
Wer das Weite sucht. Skandinavien für Fortgeschrittene

In memoriam Dik Linthout

Inhaltsverzeichnis

*Wie ein Dandy mit Chauffeur zum Liebling der Unzu-
friedenen wurde – und beinahe Ministerpräsident.
Was wir von den Niederlanden lernen können und was
besser nicht.
Warum die Partei der Freiheit von Geert Wilders nur
ein einziges Mitglied hat.*

Erstes Kapitel

Niederlande – eine kleine Liebeserklärung

Erklärt, warum die Niederlande kein Naturschutzgebiet sind.
Warum Krisenstimmung nicht zum Repertoire gehört.
Und warum man in Amsterdam drei Fahrräder braucht.
Wie man aus Regen Geld machen kann.
Und weshalb holländische Tomaten wieder schmecken.

Wo der Himmel weiter ist als das Land und Segelboote durch die Wiesen fahren. Wo das Wasser zuerst kam, dann die Gräben und danach erst die Wege.

Seltsam vertraut wirkt dieses Land der Mühlen, Brücken, Wasserläufe, Schleusen, Deiche, der Zugbrücken, Backsteingiebel, Reiher und Trauerweiden. Wer die alten Meister gesehen hat, kennt es schon, bevor er einen Fuß auf den Boden gesetzt hat. Und überall kann man hineinschauen, quer durch die Wohnstuben, durch Grünpflanzen und Familienleben hindurch.

Aus der Luft sieht man, wie die Niederlande mit dem Wasser ringen. Nichtstun hieße hier: untergehen. Sie bauen aus Not und aus Lust. Neue Polder, schwimmende Gewächshäuser und Moscheen für den Export. Die Mühlen dort unten drehen sich nicht zum Vergnügen. Mit jeder Umdrehung pumpen sie das Wasser aus dem Land. Wenn der Wasserspiegel sinkt, trocknet der Untergrund aus, zerbröseln die Fundamente. Wenn er steigt, gibt es nasse Füße.

Wir haben kräftigen Gegenwind. Es ist Ende April. Der Pilot hat die rechte Tür ausgehängt, der Kameramann hängt am Gurt halb aus der Maschine. Von Hilversum sind wir siebzig Kilometer immer weiter nach Norden geflogen, unter uns grüne Wiesen, graue Straßen, rote Ziegeldächer, ein paar

Kühe, links das Meer und Strandhafer, Grachten und Polder. Dann am Horizont schreiend bunte Streifen, Rottöne, die sich beißen, kilometerlang, kein Farbtherapeut und kein Modeberater hätte solche Kombinationen gewagt. Wir sind im Reich der Tulpen.

Unter uns stehen zwei Frauen im Tulpenfeld, feiern den Frühling, die Farbenpracht.

Nichts ist Natur, alles ist gemacht.

Leben unter dem Meeresspiegel

Um die Niederlande zu verstehen, muss man raus aus Amsterdam, zwanzig Kilometer nördlich in die Eilandspolder zu den ersten Grachten des Landes, die im 13. und 14. Jahrhundert mit der Hand gegraben wurden. Auf dem Weg links neben der Landstraße wiegen sich Weinranken im Westwind, mitten im Schwemmland, dem Meer abgerungen, wenngleich man vermuten sollte, dass auf Sand und salzigen Wiesen bestenfalls Schilf wächst.

»Wenn man hier geboren ist und Angst vor Wasser hat, sollte man besser wegziehen. Dann kann man hier nicht leben.«

Tineke Hoogenboom sitzt am Steuer des Motorbötchens und streicht ihrem Sohn Noe über den Kopf. Es ist morgens um neun. Mutter und Sohn machen einen kleinen Ausflug im Flüsterboot.

Die Niederländer lieben es, kleine Dinge noch ein bisschen kleiner klingen zu lassen, und sie schätzen es, wenn die Dinge so heißen, wie sie klingen. Der Kahn heißt »bootje«, und weil er einen Elektromotor hat, ist er das »Fluisterbootje«. Eine Sprache wie aus einem Kinderparadies. Tatsächlich darf Noe ans Steuer. Noe ist erst vier. Er lernt steuern, auf dem Kanal hinterm Haus, der schon bestand, als es noch keine passierbaren Straßen gab.

Tineke ist die Nichte meines Freundes Rob. Sie hat mit Roland, ihrem ersten Mann, die Welt umsegelt und zwischendurch zwei Kinder auf die Welt gebracht, sie ist groß und schlank, mit schulterlangem blondem Haar. Im Gartenhaus hat sie ihr graphisches Atelier aufgebaut. Das Haus grenzt an den Kanal, vom dem aus man theoretisch jeden anderen Punkt der Niederlande auf dem Wasserweg erreichen könnte. Das schafft ein Gefühl von Freiheit. Wem es an Land zu eng wird, der kann jederzeit das Weite suchen.

Oma Marianne und Opa Joop sind an diesem Tag zu Besuch im Haus am Wasser. Vom Kanal aus sieht man sie am großen Esstisch sitzen – und dahinter die gepflasterte Dorfstraße und einen kleinen Deich. Das Haus von Tineke ist jünger als die Polder. Es stammt aus dem 18. Jahrhundert.

Der kleine Finn ist gerade aufgewacht und kommt langsam die Treppe aus dem Obergeschoss heruntergerutscht. Sonntags sitzen die drei Generationen gerne etwas länger zusammen.

Joop und Marianne lieben ihr Land und betonen dem Gast aus Deutschland gegenüber gern die kleinen Unterschiede zum großen Nachbarn.

Sind die Niederländer denn so anders als wir?

Marianne überlegt nicht lange: »Was ist typisch niederländisch? Na ja Schokostreusel, Spekulatius, Erdnussbutter, Lakritze, und dass wir immer Fahrrad fahren. Ein fahrradfahrendes Volk. Die ganz Kleinen fahren bei uns schon Rad und – das ist wohl der größte Unterschied – alle fahren ohne Helm.«

Joop, ihr Mann, ergänzt: »Wenn du hier einen mit Helm siehst, ohne dass du auch nur ein Wort von ihm gehört hast, kannst du sicher sein, das ist kein Niederländer, das ist einer von euch.« Helme gehören nicht zur Grundausstattung in den Niederlanden. Bloß nicht zu viele Umstände, nicht zu viel Getue, wo man doch schon einige Meter unter dem Meeresspiegel lebt.

Niederländer sind auf der Hut – aber nur vor den wirklichen Gefahren.

Als alle Kekse aufgegessen sind und der Kaffee getrunken, wird Noe zappelig. Tineke lässt ihren Kleinsten bei den Großeltern, und wir fahren noch eine Runde Boot, Richtung Windmühlen. Noe darf wieder ans Steuer.

Allen, auch Tineke, ist klar, dass ihr tief gelegenes Land als erstes versinken wird, wenn der Meeresspiegel steigt, weil Grönlands Eispanzer schmilzt.

Wie wird es hier wohl aussehen, wenn ihr Sohn Noe ein Mann ist? Werden sie dann auch noch hier wohnen, oder gehen die Niederlande in weiten Teilen zurück an die Fische? Wird Amersfoort, das heute siebzig Kilometer von der Küste entfernt im Inland liegt, dann »Amersfoort aan Zee« heißen?

Doch Tineke hat jenen Optimismus, der vor mir schon anderen ausländischen Besuchern als typisch niederländisch aufgefallen ist. Als die ZEIT vor einigen Jahren ihre Reporter für ein Dossier zum Klimawandel in die Welt hinausschickte, kam nur einer hoffnungsfroh zurück.

Tineke lacht. »Ach ja, natürlich müssen wir unsere Deiche anpassen und mehr Platz für die Flüsse schaffen, wenn sie viel

Wasser führen.« Und dann sagt sie noch einmal, als wäre es das Natürlichste von der Welt: »Angst? Nee!«

Die ganze Gegend war früher Morast, alle Häuser stehen auf Pfählen. Wir gleiten geräuschlos mit dem Boot vorüber, unter den Brücken müssen wir die Köpfe einziehen, ein Reiher schaut uns vom Ufer aus zu. Mühlen ächzen leise im Wind.

Tineke zeigt auf ein Exemplar, das in Deutschland die große Zierde jedes Heimatmuseums wäre, eine wunderschöne Mühle mit hölzernen Flügeln, zwanzig Meter hoch. Sie ist ein paar hundert Jahre alt – und immer noch im Dienst.

»Warum sollten wir etwas Schönes abreißen, was noch dazu gut funktioniert?«

Das ist sehr niederländisch: Was schön ist, muss auch praktisch sein, und wenn es beides ist, kann es hier sehr alt werden.

So wie die Hoogenbooms leben Millionen Niederländer – tief unterm Meer und doch gelassen.

Amstel rückwärts

Niederländern ist es Ende August 2003 – in einer Periode großer Dürre – sogar gelungen, die Amstel in ihrem Lauf umzudrehen. Normalerweise fließt sie von Süd nach Nord.

Es war so lange kein Regen gefallen, dass die Wasserstände in der Provinz Südholland zu niedrig wurden. Süßwasser war knapp, also ließ man in der Not Salzwasser aus der Nordsee einströmen. Das stabilisierte zwar die Deiche, bekam aber den Pflanzen schlecht.

Für Krisen dieser Art ist das »Waterbeheer« zuständig, eine Art kollektives Organ für die wirklich wichtigen Dinge in einem Land fünf Meter unter dem Meer. Dort kam man auf die Idee, das nördlich gelegene IJsselmeer mit seinen enormen Süßwasservorräten anzuzapfen. Die Amsterdamer Pumpstation Zeeburg schickt ohnehin fünfzehn Kubikmeter Süßwasser pro Sekunde durch die Grachten. Um zu verhindern, dass das Wasser über die Grachten zurück ins IJsselmeer flösse, mussten in Amsterdam acht Schleusen geschlossen werden. Druck war genug da. Die Männer vom »Waterbeheer« hatten ausgerechnet, dass das IJsselmeer den Lauf der Amstel für dreißig bis vierzig Tage umdrehen könnte. Und so geschah es: Ein paar Hebel wurden umgestellt, riesige Schleusentore kamen in Bewegung – und die Amstel strömte zum ersten Mal in ihrer Geschichte verkehrt herum. Jeder konnte es sehen. Man musste nur einen Zweig ins Amstelwasser werfen und siehe da – er trieb auf einmal stromaufwärts.

Die Pflanzen in Südholland lebten auf. Als dann ein langer heißer, extrem trockener Sommer mit ein paar kräftigen Gewitter zu Ende ging, wurde die Amstel wieder umgedreht.

Die Niederlande sind zwischen zwei Wassermassen eingezwängt, der Nordsee und den großen Flüssen, von hinten und von vorne. Harry Mulisch hat einmal gesagt, sie lebten zwischen den Deutschen und dem Meer, und eines von beidem würde einmal über sie kommen.

Mag der Meeresspiegel auch steigen, es wird gebaut und gepflanzt, auf Böden, die eigentlich nicht zur Besiedlung vorgesehen waren. Ganz so, als ob die Niederlande nicht Klima-Risikozone Nummer eins in Europa wären. Wenn man sich Amsterdam-Schiphol mit dem Flugzeug nähert, fliegt man die letzten fünfzehn Minuten über Neubaugebiete.

Die Niederlande sind das einzige Land Europas, das seine Existenz einer reinen Willensanstrengung verdankt. Die Niederländer haben ihr Territorium großenteils selbst erschaffen. Das hat die Menschen geprägt in diesem Land zwischen Nordsee und den großen Flüssen: Sie sind nüchtern, freiheitsliebend und zupackend, wann immer ein Deich zu brechen droht. Zur Not baut man eben schwimmende Wohnstätten.

Im Büro eines Amsterdamer Stadtrates sah ich 1982 eine Karikatur, die den damals üblichen Postkolonialismus auf die Schippe nahm.

»Amerika zurück an die Indianer!«, hieß es da in großen Lettern, und: »Australien zurück an die Aborigines.« Darunter hatte jemand mit Filzstift geschrieben: »Niederlande zurück an die Fische.«

Unterwegs mit den Fahrradknackern

Jeder Amsterdamer hat drei Fahrräder.
Aber er weiß nicht, wo sie sind.
(Sprichwort aus Amsterdam)

Es ist morgens um zehn. Wir sind in Amsterdam-West, einem alten Arbeiterviertel voller vierstöckiger Wohnhäuser aus der Zeit um die Jahrhundertwende. Oben auf einem Balkon im ersten Stock steht ein Mann im Bademantel. Die Haare stehen ihm zu Berge, sein Kopf ist rot. Offenbar ist er gerade aus dem Bett gefallen. Das Geräusch einer Flex hat ihn geweckt. Die Flex ist ein Winkelschleifer, den ein unauffällig gekleideter Mann mittleren Alters gerade an einem Kettenschloss ansetzt. Zwei Helfer stehen ihm zur Seite neben einem Lastwagen, auf dessen Ladefläche schon drei Räder liegen. Es ist eine ruhige Anliegerstraße, verkehrsarm, roter Klinker. Doch die Flex sägt sich durch die Morgenruhe.

Das sei Spezialwerkzeug, hatten uns die Fahrradknacker weismachen wollen. Nicht frei erhältlich. Doch der Mann mit der Schweißerbrille hantiert mit einem handelsüblichen Modell, um uns zu demonstrieren, dass man in acht Sekunden selbst ein dickes Kettenschloss knacken kann.

Mark Visser, so sein richtiger Name, gehört einer Bande von Fahrradknackern an, zu deren Verteidigung man zweierlei sagen muss: Ohne die Fahrradknacker würde Amsterdam ersticken an alten Rädern. Kein Fahrradständer wäre noch zu gebrauchen. Außerdem ist Mark mit seinen Kollegen im Auftrag der Gemeinde unterwegs. Ihr Tagessoll sind einhundert Räder.

Die Fahrradknacker können aber nicht nach Belieben Räder auf ihren Anhänger wuchten. Erst müssen sie eine schriftliche Verwarnung hinterlassen – einen Zettel, den sie am Fahrrad anbringen –, wenn ein Rad offenbar eine Zeitlang nicht bewegt wurde. Nach drei Wochen Wartezeit dürfen sie dann zugreifen.

Der dicke Mann aus dem ersten Stock brüllt: »Aufhören! Das könnt ihr doch nicht machen!« Kurz darauf erscheint er in der Haustür, er trägt nur einen Bademantel, der über seinem Bauch etwas spannt. Darunter hat er offensichtlich nichts an. Mit großen Schritten läuft er über die Straße zur Ladefläche des Lasters und greift sich ein Fahrrad.

»Aber wir haben dich doch gewarnt«, sagt Mark.

Der dicke Mann mit dem roten Gesicht knurrt: »Das könnt ihr nicht machen. Fahrräder klauen. Die gehören euch nicht.«

Er hebt sein Fahrrad über die Schulter, wie andere einen Umhang über die Schulter schwingen – und weg ist er. Davor schimpft er noch: »Ich war höchstens zwei Wochen lang weg!«

Zwei ältere Damen schauen von der anderen Straßenseite aus zu. Ihrem singenden Akzent nach zu urteilen, stammen sie aus der ehemaligen Kolonie Surinam (ein Land in Südamerika, das die Niederländer 1667 in einem Tauschgeschäft von den Briten erhielten; die Briten bekamen dafür die Insel Manhattan). Ihren Schwatz haben die Damen unterbrochen, um das kleine Drama, das sich in ihrer Nähe abspielt, zu beobachten. Sie sind Augenzeugen.

Ich gehe zu ihnen hinüber und frage sie, ob das Ganze ihrem Gefühl nach mit rechten Dingen zuging. Die entscheidende Frage lautet: Wie lange standen die Fahrräder bereits dort?

Die beiden entpuppen sich als Cousinen und lassen sich gerne auf einen kleinen Plausch mit mir ein.

»Sehr, sehr lange«, sagt die eine. »Das mit den zwei Wochen hat er nur so gesagt. Das Rad stand da viel länger.«

Da schaltet sich die andere Cousine ein. »Eigentlich sind die Fahrradständer ja genau dafür da, dass darin Fahrräder parken. Die Räder einfach loszuschneiden, das geht nicht. Da müssten sie die Fahrradständer auch gleich mitnehmen oder ganz klare Regeln schaffen.«

Und schon sind sie mitten drin in der schönsten Diskussion.

Ich wusste doch, dass sich, fragt man zwei echte Amsterdamer, und seien es Cousinen, schnell zwei unterschiedliche Meinungen entwickeln, manchmal sogar drei. Amsterdamer gelten als schlagfertig und gewitzt. Nichts ist schöner, als sich zu streiten.

Es ist allerdings auch kein Zufall, dass es in den Niederlanden ausgerechnet über Fahrräder zum Streit kommt. Das Fahrrad ist die Klammer der Nation, ist Lieferwagen und Kindertransporter. Es gibt mindestens so viele Fahrräder im Land wie Bewohner.

Mit Fahrradfahrern legt man sich besser nicht an. So verzögerte sich etwa der Umbau des weltbekannten Rijksmuseums um mehrere Jahre, weil die große Radfahrergemeinde darauf bestand, ihre angestammte Durchfahrt mitten durch das prachtvolle Gebäude hindurch zu behalten, während die Museumsleitung meinte, darauf verzichten zu können.

Das Rad gehört eben zur Grundausstattung. Wer in den Niederlanden einen offiziellen Besuch abstatten will, kommt am besten mit dem »fiets« vorgefahren. Auch die Königskinder fahren mit dem Rad zur Schule, und einige Minister radeln zur Arbeit. Das Fahrrad ist der kleinste gemeinsame Nenner. Es kennt kein schlechtes Wetter: Am Bahnhof von Amsterdam parken auch im Winter 20 000 Fahrräder.

Es gibt nur ein einziges anders Land in Europa mit so vielen Fahrrädern, und das ist Dänemark. Kurt Tucholsky schrieb 1932 von einer Reise in die Hauptstadt Kopenhagen: »Wenn die Kinder anderswo zur Welt kommen, schreien sie – in Kopenhagen klingeln sie auf einer Fahrradklingel. So viele Fahrräder gibt es da.«

Die Nähe der Niederländer zum Zweirad ist noch inniger. Sie scheinen wirklich von Geburt an mit dem Fahrrad verwachsen, so elegant ist ihr Umgang damit. Schön anzuschauen, schwierig mitzuhalten, zumal in Amsterdam, wo Fahrradfahrer eingebaute Vorfahrt haben und ein sehr hohes Durchschnittstempo halten. Rote Ampeln, Passanten und Autos stören da nur.

Es gibt eine richtige Rushhour vom Dam Richtung Amsterdam-West. Man fährt zweispurig, jeder Dritte hat das Handy am Ohr, und die Abstände zwischen den Fahrradgriffen sind knapp eine Handbreit. Diese traumwandlerische Art, durch die Straßen zu gondeln, muss man von klein auf erlernen. Deutsche Touristen tun sich da schwer. Wouter Meijer, ein niederländischer Journalist mit viel Berlin-Erfahrung, sagte einst knapp: »Deutsche können einfach nicht Fahrrad fahren.«

Das ist natürlich Quatsch – und wenn es doch stimmen sollte, reiner Darwinismus.

Glücksgefühle

Es ist Mittag. Die festangestellten Fahrradknacker haben ihre Runde gemacht und ihr Soll erfüllt. Nun geht es zum Depot, einem Areal am Hafen, wo hinter einem hohen Zaun zwölftausend Fahrräder lagern. Ein Teil davon wird von den Besitzern abgeholt, gegen Bußgeld versteht sich. Was stehen bleibt, geht in den Gebrauchthandel, einige werden nach Afrika verschifft, der Rest landet auf dem Schrottplatz.

Im Depot werden die Räder drei Monate aufbewahrt. Wer glaubt, Niederländer seien immer lässig und Bürokratie für sie ein Fremdwort, der kennt den Sachbearbeiter Georg nicht. Er ist ein Musterbeispiel an Gewissenhaftigkeit, wie er da an seinem Schreibtisch mitten in der Halle thront und die Ausbeute mustert.

Mark Visser führt ihm ein Rad nach dem anderen vor. Als Erstes muss er die Fahrgestellnummer unten am Rahmen finden. Viel mehr ist oft auch nicht über die Räder zu sagen. Ein Licht ist bereits Luxus, eine Handbremse sowieso. (Früher galt die Faustregel: Ein Fahrrad mit Licht ist eine Polizei-streife auf zwei Rädern; jedenfalls in Amsterdam.)

Draußen stehen derweil, Regen und Sonne ausgesetzt, die restlichen Fundstücke und warten auf ihre ehemaligen Besitzer. Die Besitzer wiederum laufen die Reihen ab und lassen sehnsuchtsvoll die Blicke schweifen. Es braucht Zeit, um im Depot unter zwölftausend Rädern das stählerne Eigentum zu finden.

Genial und einfach ist hingegen die Auslöse geregelt: Die Räder werden mit ihrem geknackten Schloss ausgestellt, die Ketten hängen über dem Lenker. Wie könnte sich ein Besitzer besser legitimieren, als mit dem passenden Schlüssel?

»Wenn es dann klick macht, ist das schon ein kurzer Glücksmoment für viele«, sagt Mark schmunzelnd. »Unser Job ist manchmal nicht leicht, weil viele nicht einsehen, dass ihre Räder stören. Zum Ausgleich arbeiten wir dann auch mal hier im Binnendienst. Dann kriegen wir mit, wenn Halter und Fahrrad wieder vereint sind.«

So ein Glück wird normalen Fahrraddieben nicht gewährt.

Geborene Verkäufer

Gute Fahrräder verschwinden schnell. Niederländer schleppen ihr Lieblingsfahrrad deshalb oft mit in die Wohnung, während das Zweitrad unten im Fahrradständer rostet und das Drittrad am Bahnhof steht.

Es gibt aber auch den Typus des »Ein-Fahrrad-Besitzers«. Zu denen gehört mein Freund Rob. Sein wunderschönes nagelneues Modell mit zehn Gängen und Naben-Dynamo war am helllichten Tage vor der Universität geklaut worden. Holland in Not! Denn wenn Rob auslüften will, schwingt er sich aufs Rad und fährt fünfzig, sechzig Kilometer, etwa zu Tineke in die Eilandspolder. Ein neues Fahrrad musste her. Aber diesmal vielleicht ein preiswertes Modell. Doch der Händler erkundigte sich eingehend nach dem verschwundenen und stellte dann lapidar fest: Wer gerade ein solch schönes Fahrrad verloren habe, sollte sich nicht zum zweiten Mal an einem einzigen Tag frustrieren. Er sollte sich für den Verlust entschädigen, sprich: ein richtig gutes Fahrrad kaufen!

Und so geschah es.

Diese Methode des Verkaufens nennt man »Framing«. Sie stammt aus der Denkwelt des NLP (Neurolinguistisches Programmieren) und somit von der Westküste der USA. Vereinfacht gesagt liefert man zu einem Verkauf auch noch eine gute Geschichte dazu und präpariert den Kunden somit gegen mögliche Selbstzweifel und Neider.

Niederländische Fahrradhändler beherrschen derartige Psychotechniken von Haus aus. Sie müssen dafür gar nicht erst nach Kalifornien reisen.

Was man aus Wasser alles machen kann

Es gibt eine Gegend in der Provinz Südholland, da wird jeder Meter Boden genutzt. Von weitem sieht Westland aus, als wäre die Region komplett überdacht. Dicht an dicht stehen ein paar tausend Gewächshäuser, acht Meter hoch, fünfhundert Meter lang.

Wer in Westland freie Flächen sucht, Bäume oder gar Wiesen, wird sie nicht finden. Hier hat der Mensch die Natur unterworfen und komplett unter Glas verfrachtet – und dabei zwei Fliegen mit einer Klappe geschlagen: Den Niederländern ist es hier gelungen, die reichlich fallenden Niederschläge, die ansonsten Überschwemmungen verursachen würden, ohne weitere Umwege gleich in Gemüse zu verwandeln. Sie tun das mit großem Erfolg und auf kleinstem Raum.

Es gab eine Zeit, da haben sie das übertrieben. In den Achtzigerjahren waren Ganzjahrestomaten aus Holland kein Renner mehr in deutschen Supermärkten. Die Verbraucher meuterten und sprachen verächtlich von »Wasserbomben«. Das konnte der größte Gemüseproduzent Europas nicht auf sich sitzen lassen.

Bald begann in den Gewächshäusern eine kleine Revolution, und damit die nicht ins Stocken gerät, gibt es Inspektoren wie Pauline.

Pauline ist Mitte dreißig und kommt zu unserer Verabredung mit dem Fahrrad angeradelt, den Kindersitz hintendrauf. Sie sieht aus, wie man sich gemeinhin eine Niederländerin vorstellt: groß gewachsen, blonde Haare mit einem Touch ins Rötliche. Sie lacht gerne – und scheint auf der Hut zu sein. Denn für sie sind wir wohl der Vortrupp der deutschen Konsumenten.

Inspektorin Pauline nimmt auch im Dienst gerne das Fahrrad. Die Halle, die sie heute inspiziert, ist so groß wie sechs Fußballfelder. Laufen wäre zu mühsam, selbst Besucher bekommen Fahrräder gestellt – dazu Fließkittel und Handschuhe wie bei einem Besuch auf der Intensivstation. Monokulturen haben viele Feinde. Gegen Viren schützt nur strenge Hygiene.

Wir biegen in einen Seitengang ab. Die Pflanzen stehen Spalier bis unter die Decke, acht Meter hoch. Sie wachsen am Strauch und sehen gesund aus. Leise brummen Hummeln, es ist sehr warm.

»Früher waren holländische Tomaten keine Empfehlung bei uns«, sage ich. »Wir haben sie ›Wasser in Tüten‹ genannt. Am liebsten hättet ihr sie wohl viereckig gezüchtet, damit sie besser zu stapeln sind?«

Pauline lacht. Sie ist freche Fragen gewohnt. Sie führt häufig skeptische Kunden durch die Glashäuser der Produzentenvereinigung »Prominent«. »Nein das stimmt nicht mehr: ›Kein Geschmack‹, das darfst du nicht sagen. Wir haben von den Verbrauchern gelernt, dass es auf den Geschmack ankommt.«

Strauchtomaten mit Geschmack verkaufen sich besser.

Wenn sich Qualität rechnet, sind die Niederländer schnell und konsequent bei der Umstellung.

Und sie sind innovativ. Was die Verbraucher, nicht nur in Deutschland, neben dem fehlenden Geschmack am meisten störte, war die Vorstellung, beim Essen Rückstände von Pflanzengiften mit aufzunehmen. Pauline führt mich zu einem Pappgehäuse an der Wand, aus dem es vernehmlich summt und brummt.

»Wir nutzen keine chemischen Schädlingsbekämpfungsmittel«, sagt sie, und als ich ungläubig frage: »Keine Pestizide? Wirklich keine?«, antwortet sie: »Keine, fast keine. Die Hummeln vertragen es nicht.«

Die Hummeln besorgen die Bestäubung der Pflanzen. Früher geschah das von Hand, Pflanze für Pflanze. Gut für uns also, dass den Tomatenzüchtern das zu mühsam wurde. Und dass Hummeln empfindliche Wesen sind.

Den Tomatenstauden kann man beim Wachsen zusehen, jede Woche dreißig Zentimeter, also fünfzehn Meter im Jahr. Oben muss deshalb einer aufpassen – wie der spanische Gärtner Enrique mit seinem Strohhut und der grünen Latzhose, der immer ein Lied auf den Lippen hat. Er steht auf einer ausfahrbaren Leiter, rupft hier ein bisschen und zupft dort ein wenig.

Arbeitskräfte aus tropischen Ländern könnten sich in diesen Hallen wie zu Hause fühlen. Unter dem Glasdach entsteht ein Binnenklima wie in der Karibik.

Dass die Qualität nicht wieder in den Keller geht, dafür sorgen Tomatentester, ein Nebenerwerbsjob für Leute mit ausgesprochen feiner Zunge.

An der Universität Wageningen trifft sich jeden Mittwoch eine Testgruppe. Es gibt eine Hausfrauengruppe und eine Studentengruppe, die sich auch intern unterscheiden. Denn Tester ist nicht gleich Tester. Es gibt Supertester und gewöhnliche Tester.

Die Versuchsanordnung ist simpel: Fünf Kämmerchen aus Holz – jedes etwa einen Quadratmeter groß – werden mit Rotlicht ausgestattet. Das lässt die Tomaten alle gleich aussehen.

Heute ist die Studentengruppe im Einsatz. Die einen, wie Jennifer (blond, um die zwanzig, spitze Nase), müssen Geschmacksnuancen benennen, die anderen, wie Bram (Mitte zwanzig, treuherziger Blick), nur sagen, welche Sorte ihnen am besten schmeckt. Wissenschaftler in weißen Kitteln reichen die Testate und führen gewissenhaft Buch.

Ein bisschen surreal ist das Ganze dann doch. Reden ist verboten. Jeder ist allein mit sich und seinen Tomaten. Bram bekommt fünf Proben und schmeckt mit geschlossenen Augen. Er entscheidet sich für eine kleine Sorte: »Die kleinen süßen sind die besten, wenn man sie so als Snack isst, nicht für den Salat.«

Unterdessen erzählt mir Jennifer, wie sie zur Testerin wurde. »Durch Übung. Man muss immerzu Tomaten essen.« Das ist aber offenbar nur die halbe Wahrheit. Bram ergänzt: »Es gibt diese gehobenen Tester wie Jennifer, die genau sagen können, wonach eine Tomate schmeckt. So einer bin ich nicht. Ich bin ein ganz gewöhnlicher, guter niederländischer Tester. Die werden auch gebraucht.«

Das Leben der Tester folgt einem gewissen Rhythmus: Nach zehn Minuten essen folgen zehn Minuten Pause. So geht das den halben Nachmittag. Vielleicht ist es gut, dass es nur ein Nebenjob ist. Man kann sich Tomaten auch über essen.

PS: Wenn es in Westland an Land zu eng werden sollte – und das ist absehbar –, dann werden die Züchter auf Grachten, Binnenseen und sogar auf die Nordsee ausweichen. Schwimmende Gewächshäuser sind machbar. Prototypen dazu gibt es schon.

Zweites Kapitel

Vorurteile und Fettnäpfchen

*In dem klargestellt wird, dass die Niederlande weder
die Badeküste der Westdeutschen noch das siebzehnte
Bundesland sind, sondern eine Welt für sich.
Und der Leser erfährt, warum Rotterdam
keine Altstadt hat – und wohin die Reise geht.*

Stoßseufzer eines Niederländers in Deutschland:

»Ich würde mich als integriert betrachten,
wenn mich keiner mehr fragt, wo ich meinen Wohnwagen
geparkt habe und wie es um den Drogenkonsum
in meinem Heimatland steht.«
(Gelesen auf buurtaal, einem Blog für Niederländer
und Deutsche)

Die Vorurteile sind schnell erzählt: Niederländer kommen ohne Vorhänge an den Fenstern aus, sie radeln bei jedem Wetter und sind berüchtigt für ihr Gewächshausgemüse. Ihre Sprache klingt vertraut, wenn auch sehr heiser. Sie sind uns nah und doch so fern.

Der Ruf der Niederländer hierzulande ist durchwachsen: Dem populären Vorurteil nach fahren Niederländer mit großen Gespannen durch Europa und verstopfen die Straßen, sie sind geizig, sparen an Vorhängen, rauchen Cannabis und produzieren mit hohem Energieaufwand geschmacklose Ganzjahrestomaten. Sie lieben ihre Königsfamilie und tragen deren Farbe Orange, eine Farbe, die bei uns in den Siebzigern mal modern war. Fußballwettkämpfe zwischen beiden Ländern wecken heftige Gefühle. Die kleinen Nachbarn im Westen stehen uns nah, aber die Liebe ist nicht sehr innig. Wir sind uns ähnlicher, als es uns vielleicht lieb ist, und dann doch wieder ganz anders.

Warum kappen sie ihren Tulpen die Köpfe, wenn die Pflanzen in voller Pracht stehen?

Wieso mögen sie uns Deutsche auf einmal?

Wie lebt es sich auf einem Hausboot, wenn die Gracht einfriert?

Was sind Kraker und Anti-Kraker?

Wie klingt es, wenn ein Eissegler übers IJsselmeer brettert?

Wie steht es mit der Toleranz, in einem Land, wo jeder jeden kennt?

Diese Fragen lassen sich nur vor Ort klären. Höchste Zeit, einmal die nächsten Nachbarn kennenzulernen. Nichts gegen Fernweh, auf gar keinen Fall, aber liegen die eigentlichen Rätsel nicht in Wahrheit vor der Haustür? Anders als bei den exotischen Ländern fernab wirken die nahen Nachbarn wie ein Spiegel.

Wo wir uns ideologisch verrannt haben, sind die Niederländer pragmatisch. Wo wir schwärmen, sind sie nüchtern. Wo wir gründlich sind, sind sie locker. Wo wir planen, improvisieren sie. Das könnte man zumindest annehmen. Oder ist es tatsächlich so?

Deutsche dienten jahrhundertelang treu ihren Fürsten – ein paar freie Städte einmal ausgenommen –, wohingegen sich die Niederländer zwar – mit ziemlich erhobenem Haupt – den Oraniern unterworfen haben, ansonsten aber als Rebellen geboren sind: Sie fürchten nur Gott und die See und ziehen im Zweifel die Zugbrücke hoch, wenn der Steuereintreiber kommt.

Sie fürchten Gott übrigens so sehr, dass sie ihn siezen. Alle anderen im Land werden hingegen schnell mit »Du« angesprochen.

Unbekannte Nachbarn

Unsere Nachbarn im Westen sind uns durch Geographie und Geschichte verbunden und sind doch völlig eigene Wege gegangen.

Uns trennt – vor allem – die Größe. Die Niederlande sind ein kleines Land. Wenn man sich in Amsterdam in einen Zug setzt und nach einem Becher Kaffee kurz eindöst, ist man schon fast in Apeldoorn und kurz darauf in Deutschland.

Es ist nicht so, als betrachteten die Niederländer tagtäglich ihr Land und seufzten darüber, dass es so klein geraten ist. Was haben die Niederländer nicht alles aus diesem kleinen Land hinter den Deichen herausgeholt: als es ihnen zu eng wurde, haben sie die halbe Arktis entdeckt, der Barentssee und Spitzbergen ihre Namen gegeben. Sie sind mit kleinen Booten bis nach Grönland gefahren für Speck und Tran. Zur Erinnerung daran setzten sie kleine Walfische ins Mauerwerk ihrer Rathäuser. Sie haben den ersten multinationalen Konzern der Welt gegründet, sich viel Erde untertan gemacht, und ihre Kaufleute beherrschten einst die halbe Welt. Aber man sieht es dem Land der schmalen Häuser und steilen Stiegen an, dass es dort an Platz fehlt. Es herrscht

Gedränge – große Träume wurden schon immer auswärts gelebt.

Es bleibt nicht ohne Folgen für die Selbsteinschätzung, wenn man immer »der Kleine« ist. Niederländer bezeichnen das als »Calimero-Effekt«, benannt nach der Comicfigur, dem kleinen schwarzen Küken mit der halben Eierschale auf dem Kopf, das ursprünglich für Waschmittel warb und immer, wenn es gegen größere Tiere den Kürzeren zog, zu sagen pflegte: »Du bist groß, und ich bin klein. Und das ist ungerecht.«

Gerecht oder nicht, es ist eine Tatsache: Die Niederlande haben siebzehn Millionen Einwohner, Deutschland hat etwa achtzig Millionen. Das ergibt ein gewisses Gefälle.

Das eigentliche Problem ist allerdings, dass kleine Nachbarn häufig über ihre großen Nachbarn nachdenken – mit einer Mischung aus Respekt, Bewunderung, Abneigung und Angst. Viele Niederländer verfolgen die deutsche Politik ziemlich regelmäßig, umgekehrt wissen die meisten Deutschen kaum, wer das Nachbarland gerade regiert. Damit ließe sich noch leben. Schmerzhaft ist: Die wenigsten Deutschen wissen, dass die Niederlande im Zweiten Weltkrieg von den Deutschen besetzt waren – und welche Wunden das geschlagen hat. Das ist einer der größten Fettnäpfe, in den man fallen kann, etwa wenn man als Deutscher in Rotterdam nach dem Weg in die Altstadt fragt, nicht wissend, dass die deutsche Luftwaffe ebenjene in Schutt und Asche gelegt hat. Es gab Deportationen, Strafaktionen und einen schrecklichen kalten Hungerwinter 1944/1945. Die Besetzung war ein Überfall, eine über alle Maßen unfreundliche und unerwartete Behandlung durch den engsten großen Nachbarn, wo man doch so auf die eigene Neutralität gebaut hatte.

Nach dem Krieg pflegten die Niederlande lange Jahre ein recht schlichtes Feindbild. Die Deutschen hatten dort schon vor dem Krieg einen eigenen Sammelnamen gehabt, und der war alles andere als freundlich gemeint: Deutsche, egal ob jung oder alt, waren »Moffen«– was, so wird vermutet, von muffig abgeleitet wurde. »Deutsche – das waren für mich unsympathische Leute, die rumbrüllten und die uns im Krieg die Fahrräder gestohlen hatten; eben Moffen«, sagt mein Freund Rob, ein großgewachsener Holländer, Jahrgang 1947, der ansonsten seine Vorurteile gut sortiert hat. Dabei lächelt er leise und hält den Kopf ein bisschen schief, als wolle er zu verstehen geben, dass die Deutschen nicht ganz unschuldig an ihrem Ruf sind. Ich kenne Robs Mienenspiel. Das Arbeitsleben hat uns vor Jahrzehnten zusammengewürfelt. Zwei Jahre lang teilten wir ein kleines Büro in Amsterdam, seit Jahrzehnten gehen wir gemeinsam wandern. Im Lauf der Zeit haben wir gelernt, uns in erster Linie als Menschen wahrzunehmen. Aber unsere Nationalitäten bleiben ein Thema. Für ihn bin ich kein Moffe mehr, und er hat insgesamt ein freundliches Bild von den Deutschen.

Rob ist Franziskaner, lebt mit neun Mitbrüdern in einer kleinen Kommunität in Amsterdam und geht gern auf Reisen. Als er fünfzig wurde, beschloss er, zu Fuß von Amsterdam nach Santiago de Compostela zu wandern. Ein Stück des Weges begleitete ich ihn.

Nie werde ich vergessen, wie Rob und ich 1995 auf dem Jakobsweg durch die Hochebene des Aubrac wanderten und immer mal wieder auf seine Landsleute trafen. Wir sprachen Niederländisch miteinander. Eine Pilgerin erkannte meinen deutschen Akzent, und da rutschte es ihr so raus: »Aus Deutschland kommst du? Du Armer!«

Legendär waren tatsächlich noch in den Neunzigerjahren die Schwierigkeiten des niederländischen Rundfunks, geeignete Leute als Korrespondenten nach Deutschland zu schicken. »Haben Sie nichts Besseres für dich gehabt? Dann musst du ja unter lauter Deutschen wohnen.«

Subtiler äußerte sich die kollektive Abneigung, wenn ein Niederländer ohne böse Absicht zu einem Deutschen sagte: »Dein Verhalten war gar nicht typisch deutsch« – und das als großes Kompliment meinte.

Nein, Deutschland war kein beliebtes Land, und wer in den Fünfzigerjahren in den Niederlanden gute Deutschnoten mit nach Hause brachte, machte sich verdächtig. Heute ist das anders. Deutschland ist populär geworden, als Reiseziel, als Nachbarland und als Geistesverwandter in der Europäischen Union. Aber warum?

Wen haben die Niederländer als Ersatzfeind gefunden, wenn sie uns auf einmal mögen? Oder zumindest unsere Hauptstadt?

Der Blick von außen

Ich kenne die Niederlande seit Jahrzehnten, es hat mich immer wieder dort hingezogen, zum Arbeiten, zum Leben und zum Staunen. Dabei war der Auftakt vor über vierzig Jahren kühl und neblig, irgendwo bei Groningen, wo sich ein Onkel meines Mitschülers Christoph ein Haus aus Backstein gekauft hatte und man nahenden Besuch schon drei Tage vorher sehen konnte, so flach war die baumlose Landschaft mit ihren Entwässerungsgräben und schnurgeraden Straßen.

Zehn Jahre später zog ich nach Studium und Ausbildung mit zwei Umzugskisten und einem Rucksack für die Dauer eines Zivildienstes nach Amsterdam. Mein erstes eigenes Zimmer war die Kleiderkammer der Mozes en Aäronkerk im alten jüdischen Viertel von Amsterdam. Dort lernte ich, kannenweise Kaffee für die Gästeschaar des Mozeshuis zu kochen. Das Mozeshuis war ein von der Stadt Amsterdam finanziertes Begegnungszentrum. Es hatte in den Sechzigern als Teehaus für Hippies gedient, und später dann kamen dort Vertreter verfeindeter Gruppen wie etwa Hausbesetzer und Polizisten zusammen. So wie man hier mit Konflikten umging, so nüchtern, pragmatisch und unvoreingenommen, so gar nicht verträumt und auf angenehme Art und Weise zielorientiert, das imponierte mir ungemein.

Fast wäre ich dort hängengeblieben. Ich lernte passabel auf Niederländisch zu fluchen und Nasi Goreng mit Erdnusssauce zu kochen. Ich träumte sogar auf Niederländisch. Hans Magnus Enzensberger hat einmal gesagt, man könne auch mehrere Länder in seinem Herzen tragen. Doch irgendwann wurde meine große Zuneigung gestört: Die Niederlande wurden mir fremd.

Als das neue Jahrtausend begann, gerieten die Niederlande ins Schlingern. Das Land, das so daran gewöhnt war, alle wesentlichen Dinge ohne Gewalt zu lösen, erlebte zwei politische Morde. Der Filmemacher Theo van Gogh starb auf einem Fahrradweg mitten in Amsterdam, der Politiker Pim Fortuyn auf dem Parkplatz in Hilversum hinter einem Fernsehstudio. Die niederländische Geschichte kennt derartige Gewaltausbrüche eigentlich nicht. Den letzten politischen Mord – sieht man von der Besatzungszeit einmal ab – hatte es im 16. Jahrhundert gegeben, als der erste Oranier Willem de Zwijger 1584 von einem katholischen Fanatiker umgebracht worden war.

Eine Weile sah es zu Beginn des Jahrtausends so aus, als ob gerade eine kleine Utopie unterginge: die Niederlande durchliefen schwere Zeiten – und fremdenfeindliche Parteien erlebten regen Zulauf, der bis heute nicht abgeebbt ist.

Das war für viele Niederländer Schock und Schande – und aus der Ferne litt ich ein bisschen mit. Es war die Sorge, um das, was im Mutterland der Toleranz geschah. Denn wenn es dort umschlug, würde es auch für uns eng werden.

Die Niederlande sind eine Art Versuchslabor. In der Enge dieses Landes ist der Problemdruck höher. Man kann einander nicht ausweichen, also muss man nach Lösungen suchen. Alles was hier passiert, kommt zehn Jahre später zu uns. Es kann sein, dass uns nicht gefällt, was diesmal aus den Niederlanden zu uns kommt. Aber darum geht es nicht.

Drittes Kapitel

Der Geschmack der Freiheit

*In dem ein Blick zurück auf Amsterdam zur
Hippie-Zeit geworfen wird.
Und auf erste Gehversuche zweier deutscher Jünglinge.
Über rote Ohren und steile Treppen.
In dem erklärt wird, wie Niederländer Gelassenheit und
Geschäftssinn kombinieren.
Ein Loblied auf kostenlose Fahrräder gesungen wird –
und eine Warnung vor dem Zeedijk.
Ein Besuch bei einem jungen Deutschen in Groningen stattfin-
det, der über alles spotten darf, nur nicht über Fußball.*

Es gibt etwas in den Niederlanden, was in Deutschland keine große Tradition hat, obwohl wir seit 1968 gewisse Fortschritte machen. Nein, ich spreche nicht vom Humor.

Es ist die Gelassenheit zu ertragen, was nicht der eigenen Fasson entspricht. Man kann es auch Toleranz nennen.

Es findet in den allgegenwärtigen niederländischen Worten »Moet kunnen« seinen Ausdruck – »es muss möglich sein«.

»Moet kunnen« ist manchmal ein Stoßseufzer, wenn die eigene Toleranz sehr auf die Probe gestellt wird, und manchmal auch ein Jubelschrei, denn die Freiheitsrechte der anderen machen einen auch selber frei. Es kann aber auch zu einer unglaublichen Gleichgültigkeit führen, doch davon war in den Siebzigerjahren noch nicht die Rede.

Was diese Toleranz in Bewegung setzte, war enorm. Junge Leute aus ganz Europa reisten in den Siebzigerjahren nach Amsterdam. Unser kleiner Nachbar war uns meilenweit voraus: statt Gasthäusern gab es Sleep-ins, wo Menschen beiderlei Geschlechts für wenig Geld in großen Schlafsälen übernachteten und kein Jugendherbergsvater nach dem Leinenschlafsack fragte. Es gab Coffeeshops, in denen es sogar auch Kaffee gab, aber vor allem weiche Drogen. Über allem lag eine Atmosphäre gesellschaftlicher Freiheit, ein Hauch von Marihuana und freier Liebe.

Nach den jungen Leuten kamen die deutschen Städteplaner und Soziologen: Sie schauten sich verkehrsberuhigte Zonen in Delft an und Grundschulen, an denen achtzig verschiedene Muttersprachen gesprochen wurden.

Homosexuelle aus ganz Europa reisten an Pfingsten nach Amsterdam, um dort endlich einmal ungestört Hand in Hand bummeln zu gehen – und später dann der Grundsteinlegung für das erste Homomonument der Welt beizuwohnen. Drei große rosa Winkel erinnern mitten im Zentrum an der Prinsengracht an das besondere Leid der Homosexuellen während der Nazizeit und an ihre jahrhundertelange Verfolgung.

Reisen zum Nulltarif

So unterschiedlich die Menschen waren, die es nach Amsterdam zog, eines verband sie: Sie wollten der Enge ihrer Heimatländer entfliehen und kamen verändert zurück, nachdem sie erfahren hatten, dass eine Gesellschaft auch ein bisschen anderes aussehen kann, ohne dass deshalb gleich der Abgrund drohte.

Wie Millionen anderer machte auch ich mich auf den Weg. Es war 1973, irgendwie war es gelungen, meiner Mutter eine schriftliche Erlaubnis aus dem Kreuz zu leiern: »Mein Sohn darf in Europa reisen.« Damit hatte ich es nun bis an eine Schnellstraße zwischen Friesland und Amsterdam geschafft, das Papier der Mutter gefaltet im Brustbeutel, neben mir Christoph, mein Reisekamerad. Es war kalt, dunkel, die lichtlose Zeit zwischen den Jahren. Wir hatten neue orange-rote Rucksäcke vom Kaufhof für 59 Mark auf dem Rücken und Bundeswehrparka an – und wir froren ganz jämmerlich: zwei sechzehnjährige Hamburger Gymnasiasten, als Nachwuchshippies per Anhalter auf ihrer ersten Reise, ein riesiges Pappschild in der Hand, auf das Christoph in Großbuchstaben »Amsterdam« gemalt hatte.

Amsterdam – das klang in unseren Ohren wie das ganz große Abenteuer. Das Trampen hin und zurück gehörte dazu, aber auch die Aussicht auf einen ungestörten und legalen Joint. Davon hatten wir unseren Eltern natürlich nichts erzählt.

Unser Ziel war es vor allem auch, »neue Leute« kennenzulernen, Menschen aus aller Welt, den Traveler, einen neuen Typus von Reisendem, der sich die Welt anschaut und möglichst lange dem geregelten Arbeitsleben aus dem Weg geht. Mit im Gepäck hatten wir die Reisebibel jener Jahre, »Europe on Five to Ten Dollars a Day« – ein fünfhundert Seiten dickes Taschenbuch, eine Sammlung von Adressen für günstiges Essen und Schlafen, zusammengetragen von Arthur Frommer und seiner Frau – und ständig aktualisiert durch die Tipps ihrer Leser. Über alledem schwebte zwar nicht der Geist von Woodstock, aber doch eine gewisse optimistische Grundannahme, dass Menschen verschiedener Nationen sich vertragen, wenn sie nur genug herumgereist sind und viel von der Welt gesehen haben.

Auf einer Reise wie unserer sollte es leicht sein, Kontakt zu anderen Travelern zu schließen, dachten wir. Die Zauberformel zu Kontaktanbahnung, hatten wir uns sagen lassen, war schlicht und wirkte immer: »Where are you from?«

Doch kostenloses Reisen – so lernten wir an diesem kalten Abend – hat auch seine Schattenseiten, etwa wenn man an einer toten Abfahrt irgendwo in Drenthe mitten in der Pampa rausgelassen wurde. Die Autos rasten vorbei. Wir winkten, aber niemand hielt. Was dann passierte, erinnere ich wie heute. Ein Auto blieb stehen, wir erkannten an der Lackierung, dass es wohl ein Polizeiwagen war. Was wir erwarteten, war mindestens ein Donnerwetter, womöglich ein Strafzettel, vielleicht ein Anruf bei unseren Eltern. Vermutlich würde man uns im geschlossenen Abteil (das gab es damals, nur die Schaffner konnten mit einem Sechskantschlüssel die Abteiltür öffnen) nach Hause schicken. Das wäre ein blödes Ende unserer ersten Auslandsreise gewesen.

Stattdessen bekamen wir eine Lehrstunde in Güterabwägung und Gelassenheit. Der Polizist ließ uns einsteigen. Brummte irgendwas von »Leichtsinn« und »Sündenbabel Amsterdam«, setzte uns aber siebzig Kilometer später an der Zufahrtstraße nach Amsterdam ab.

Haustiere ohne Aufpreis

Kleinlaut trollten wir uns und liefen ins Zentrum, auf der Suche nach einem Sleep-in. Doch an der Tür zu der Unterkunft, die wir fanden, verließ uns der Mut. Es roch nach Cannabis und schmutzigen Socken, Patschuli, Alpakka-Pullis und Fellmänteln. Das war etwas für später, sagten wir uns, wenn wir erst richtige erfahrene Traveler waren – und zogen weiter.

So landeten wir in einem Hotelchen mitten in der Altstadt, das sich ans Nachbarhaus anlehnte, um nicht in die Gracht zu fallen. Der Portier saß im ersten Stock. Auf unser Klingeln hin machte es klick, die Tür öffnete sich, und neben dem Handlauf erkannten wir einen langen Seilzug. Die Treppe war atemberaubend steil. Es wäre ein Leichtes, dachte ich leise bei mir, ungebetene Gäste die Treppe hinunterzustoßen. Ein Schubs, und der Eindringling würde sich den Hals brechen.

Das Zimmer war klein und sehr hellhörig. Die Wände waren aus Sperrholz. Mit unseren Nachbarn im Nebenzimmer waren wir vertraut, bevor wir sie zu sehen bekamen. In der ersten Nacht hielten uns die Mäuse auf Trab. Kaum war das Licht aus, rannten sie durchs Zimmer.

Das Getrappel nahm etwas ab, als wir unsere Essenssachen in den Rucksack packten. Und ihn fest zuschnürten. Der Portier lachte trocken, als wir im klagenden Ton von den Mitbewohnern im Zimmer erzählten. »Aha, Mäuse sagt ihr also.« Er hatte das wohl ein wenig zu oft gehört. »Die sind im Preis inbegriffen, die müsst ihr nicht extra zahlen«, murmelte er.

Es war nicht alles schön in unserer neuen Freiheit, aber es war aufregend. Am nächsten Abend gönnten wir uns einen Besuch in einem »braunen Café« um die Ecke. Der Perserteppich lag nicht auf dem Fußboden, sondern auf dem Tisch und müffelte leicht, aber nicht unangenehm nach verschüttetem Bier. Die Wände waren braun von Tabakrauch; alle drehten hier ihre Zigaretten. Wir quetschten uns in eine Ecke und schauten fasziniert zu, wie ein Mann am Nebentisch mit einer Hand seinen Shaggy rollte.

Draußen regnete es leicht, die Jukebox dudelte Schlager in dieser kratzigen Sprache der Einheimischen, von der man nur meint, dass man sie versteht, und auf der Speisekarte fanden sich exotische Gerichte wie der »Uitsmijter«, der sich bei näherem Hinsehen aber als Spiegelei auf Toast entpuppte.

Am Nebentisch saß eine bunt gemischte Gruppe von Travelern aus aller Welt und trank Bier aus kleinen hohen Gläsern. Männer wie Frauen hatten lange Haare, die Männer trugen zur Unterscheidung Bärte, die Frauen indische Gewänder und Peace-Zeichen an Holzketten um den Hals.

Wir machten unsere ersten ungeschickten Versuche mit »Where are you from?«, und bekamen auch knappe Antworten (»New Zealand«, »Canada«, »Sweden«). Das war der Kodex der Traveler: Diese Auskunft durfte man niemandem verweigern. Doch wie es dann weiterging, darüber entschieden Sympathie und Interesse. Wir waren schon ganz froh darüber, unsere Schüchternheit überwunden zu haben. Aber zu einem Gespräch kam es nicht. Wir hatten noch nicht den lässigen Ton drauf. Und – was hätten wir schon zu erzählen gehabt?

Rote Ohren und lange Mäntel

Also verzogen wir uns und liefen stundenlang durch die Straßen der Altstadt, warfen Blicke in nicht-jugendfreie Schaufenster, wo all das ausgestellt war, was sonst wo in Europa nur unter dem Ladentisch verkauft wurde, nämlich Hardcore-Pornografie, wohl aber noch mit schwarzen Balken an den entscheidenden Stellen.

Wir waren Teil einer großen Karawane geworden, die durch das Rotlichtviertel trottete. Es gab hier viel junges Volk auf den Straßen, aber noch mehr erwachsene Männer mit langen Regenmänteln und Hut in der Stirn, die schweigend durch die engen Gassen streiften und Blicke auf die Damen in den Fenstern, die »Fensterhuren«, warfen.

Die Kammern der Prostituierten waren nicht zu verfehlen, mit den roten Laternen draußen und dem ebenso roten Samt innen. Die Sexarbeiterinnen saßen auf Hockern und zeigten ihre langen Beine, oder sie wackelten mit dem Po. Manche feilten auch an ihren Nägeln oder blätterten in Magazinen. Wenn sie einen potentiellen Kunden geortet hatten, klopften sie hörbar von innen an die Tür. Trat der Kunde dann näher, öffnete sich die Tür. Es kam zu einem kurzen Verkaufsgespräch – und meist kletterte der Kunde dann ins Zimmer, und die Vorhänge schlossen sich.

Die »Wallen«, wie die Amsterdamer ihr Rotlichtviertel nennen, liegen auf dem Präsentierteller der Stadt, kaum zweihundert Meter vom Hauptbahnhof entfernt und ganz in der Nähe des Königlichen Palais auf dem Dam, umgeben vom Grachtenring aus dem Goldenen Jahrhundert. Und wir, ja wir hatten ganz rote Ohren, so unerhört öffentlich wurde hier das Geschäft mit der Lust betrieben.

Es gab übrigens eine feine Grenze im Rotlichtviertel, die wir mehr aus Instinkt als aus Einsicht streng beachteten. In dem einen Teil herrschte der »schwarze Joop«, mit echtem Namen Maurits de Vries, auch »Maupie« genannt, von dem es hieß, dass er eigenhändig die Laken wechsle. Er kontrollierte Spielhallen, Restaurants und Fensterbordelle. Maupie beschäftigte Rausschmeißer, die dafür sorgten, dass Ruhe herrschte.

Was wir damals nicht wussten, war, dass der »schwarze Joop«, Jahrgang 1935, als kleines Kind die Besatzungszeit nur deshalb überlebt hatte, weil er bei einer Bauernfamilie in Friesland untertauchen konnte. Die Bauersfrau verpasste ihm den Namen Joop, weil sein eigentlicher Name Maurits, wie sie fand, zu jüdisch klang.

Maupie schlug sich nach dem Krieg erst als Preisboxer durch, dann als Bordellwirt. 1969 kam der Durchbruch. Er eröffnete ein ganz besonderes Sex-Etablissement an einer zentralen Gracht im Rotlichtviertel, das »Casa Rosso«, und bot dort – wohl als Erster in der Welt – Live-Sex auf der Bühne an, dreißig Minuten lang für 25 Gulden. Die Idee schlug ein. Ganze Busladungen von Menschen kamen nach Amsterdam geströmt, um die Shows im »Casa Rosso« zu sehen – bis eines Tages ein unzufriedener ehemaliger Angestellter einen Brand legte.

Das widersprach Maupies eigentlicher Devise: Wer Geld verdienen will, muss die Umgebung sauber und sicher halten. Mit Maupie hatte die Polizei wenig Scherereien – fast zu wenig, wurde gemunkelt.

Anders sah das um die Ecke aus. Denn dort gab es den Zeedijk, die Straße, die hinter der Nicolaas-Kirche am Hauptbahnhof direkt zum Nieuwmarkt führt. Den Zeedijk hatten ab 1970 chinesische Kartelle in der Hand. Auf der Straße wurde offen gedealt – und täglich gab es Berichte von Drogentoten, die mit einer Überdosis in irgendeinem Hotelzimmer gefunden wurden.

Das klang eigentlich abschreckend genug. Aber Drogen, selbst harte Drogen, übten Anfang der Siebzigerjahre einen großen Reiz auf junge Menschen aus. Die Helden der Jugendrevolte machten es uns vor, von Jimmy Hendrix bis zu den Doors. Es galt als mutig, das eigene Bewusstsein chemisch zu erweitern, und einige der bedeutendsten Künstler kokettierten mit einem frühen Abgang.

Wir zwei angehende Traveler hatten keine gesteigerte Lust auf harte Drogen. Doch wir waren neugierig auf die Szene. Am dritten Tag trauten wir uns auf den Zeedijk. Am helllichten Tag – und auch nur dies eine Mal.

Die chinesischen Kartelle hatten junge Männer von den Antillen als Kleindealer angeheuert. Viele von ihnen waren selbst süchtig und brauchten dringend Geld für den nächsten Schuss. Eine ziemlich verzweifelte Situation – und nicht ungefährlich, gaben wir doch die perfekte Beute ab. Wir waren noch nicht weit gekommen, da umringten uns drei Männer und redeten auf uns ein. Einer wedelte mit einem Tütchen vor unserer Nase herum. Von Polizei keine Spur.

Wir pressten unsere Brustbeutel mit Pass und Gulden fest an den Leib und waren schneller wieder aus dem Viertel heraus, als wir hineingekommen waren, Reggae und Rastalocken hinter uns lassend.

Zum Abschluss der Reise leisteten wir uns anstelle von Drogen ein indonesisches Essen für 3 Gulden 75 (rund vier Mark, und für uns sehr viel Geld), nahmen es in einem richtigen Restaurant mit Tischdecke direkt am Dam ein – und versauten es aber in aller Einfalt. Die Speise war lecker, nur etwas trocken. So nahmen wir reichlich von der roten Soße aus dem kleinen Glas, nicht ahnend, dass es sich um gestoßenen spanischen Pfeffer auf indonesische Art, also Sambal Oelek, handelte. Solche Mengen überforderten unsere Gaumen.

Als erfahren gilt man, wenn man alle dummen Dinge selbst gemacht hat und am eigenen Leib erdulden musste.

In diesem Sinne sind wir damals in Amsterdam ein gutes Stück vorangekommen.

Träume in Weiß

Manches in Amsterdam war uns zu neu und zu fremd, etwa die revolutionäre Idee mit den kostenlosen Verkehrsmitteln. Wir trauten uns nicht so recht, auf die Räder zu klettern. Sie waren auch nicht alle heil. Einige hatten einen Platten, oder der Sattel fehlte. Doch es gab sie schon damals, und sie waren nicht zu übersehen. In Amsterdam konnte man sie 1973 einfach besteigen. Die Räder waren das Markenzeichen der »Provos«, erdacht von zwei einfallsreichen jungen Männern – dem Philosophen Roel van Duijn und dem Erfinder Luud Schimmelpennink, die es – sehr niederländisch – nicht beim Reden belassen wollten. »Die Provos«, am ehesten vergleichbar mit den bunten Listen und anderen Vorläufern der Grünen, hatten bei der Amsterdamer Gemeinderatswahl ein Mandat gewonnen und riefen die sogenannten »Weißen Pläne« ins Leben: Der bekannteste davon war der »Weiße Fahrradplan«. Dank ihm wurden in ganz Amsterdam weiße Fahrräder zur kostenlosen Benutzung aufgestellt.

Weiß, die Farbe der Neutralität und des Friedens.

Nichts ahnend hätten wir an einem revolutionären Experiment teilnehmen können, das allerdings ein paar Jahrzehnte zu früh kam. Die Ironie der Geschichte ist, dass viele Städte der Idee der kostenlosen Fahrräder mittlerweile gefolgt sind; nur Amsterdam hat sie noch nicht wieder eingeführt.

Die Provos waren auch die Paten der Hausbesetzer-Bewegung. Viele junge Leute waren mit wenig Geld auf Wohnungssuche. Der Markt schien das nicht zu regeln, also kamen die Provos auf die naheliegende Idee, Häuser zu besetzen und zu bewohnen. »Kraken« war lange Zeit nicht strafbar. Wie handfest diese holländischen Anarchisten waren, lässt sich an dem Namen der Beratungsstelle ermessen, die ohne allzu viel Tamtam entsprechendes Werkzeug verlieh und auch juristischen Rat bot: Sie hieß »Koevoet«, also Kuhfuß.

Die Provos betätigten sich auch gerne als Maler. Legendär sind die weißen, frisch übertünchten Hauspfosten. Damit hatten die einfallsreichen »Provos« einen zuverlässigen Weg gefunden, leer stehende Häuser zu markieren.

All das klingt heute unglaublich, fand damals aber durchaus Sympathie in der Mehrheitsgesellschaft. In einem Land, das mit seinem Platz haushalten muss, galt es als Sünde, Häuser leer stehen zu lassen – wenn junge Leute dort einzogen, war das allemal das kleinere Vergehen.

Was war das nur für ein Land, in dem so vieles zwar nicht erlaubt, so doch »gedoogd«, also ertragen wurde! Die Bürger zuckten mit den Achseln und ließen die jungen Leute gewähren.

Die Niederlande waren lange Jahre eine Art Versuchslabor für ein besseres Leben. Und offenbar reichte es aus, wenn genügend viele Bürger ein Auge zudrückten oder einfach nur die Achseln zuckten und sagten: »Moet kunnen.«

Als Deutscher in den Niederlanden heute

Für den zwanzigjährigen Studenten Florian aus Hamburg sind die Niederlande eine andere Welt. Und doch fremdelt er nicht, ganz im Gegenteil.

Groningen in der Nordostecke des Landes gilt nicht grade als Hochburg der Spaßmacher. Die Stadt ist auf eine karge Art schön mit ihren Grachten und Backsteinbauten. Doch lange haftete ihr der Ruf an, ein bisschen steif zu sein, mit Bewohnern, die sich – so sagt man – ohne triftigen Grund nicht freuen. So etwas wie Norddeutschland im Quadrat.

Doch seit die Stadt massiv das Geschäft mit der Bildung macht, ist die Stimmung umgeschlagen. Auf zwei Einwohner kommt in etwa ein Student. 150 000 Groninger – 70 000 Studenten.

In Florians neuer Heimat wimmelt es von Deutschen.

Wo immer Deutsche in Scharen auftreten, schadet das für gewöhnlich ihrem Ruf. In Groningen scheint das nicht mehr zu stimmen. Florian ist allerdings auch ein dankbarer Gast. Die Niederlande haben ihn vor dem deutschen Numerus clausus gerettet. Er musste aber eine Aufnahmeprüfung bestehen.

Florian ist ein eloquenter junger Mann mit dunklen Haaren, den man hier im Halbdunkel des thailändischen Restaurants Cho Fah in Groningen eher für einen Franzosen halten könnte denn für einen Germanen.

Florian schätzt es, dass er mit dem Fahrrad in fünf Minuten an der Universität ist. Er stöhnt allerdings über die hohen Mieten.

Kraken, also Hausbesetzen, steht für Florian nicht an. Auch wenn er 450 Euro für ein Zimmer happig findet. Es ist hier noch nicht ganz so schlimm wie in Amsterdam, wo Preise wie in London oder Paris verlangt werden: siebenhundert Euro sind dort eher die untere Grenze. Die Städte werden zu teuer für ihre Bewohner.

Wie fast überall in Europa ist es das Gesellschaftsspiel schlechthin, sich von Wohnung zu Wohnung nach oben zu bewegen, zu kaufen, zu wechseln und wieder abzustoßen – und sich dabei bis über die Halskrause zu verschulden. So ein Leben muss man sich leisten können, und dazu passt auch Florians Studium: strammer Stundenplan, hohe Durchfallquoten, internationale Laufbahn, kein Kopf in den Wolken.

Jetzt, am Abend, sieht Florian etwas übermüdet aus. Es liegt nicht daran, dass er mit seinen Kommilitonen Party gemacht hat. Die legendäre »Begrüßungswoche zu Semesterbeginn« hat er längst hinter sich.

»Es ist sehr leicht für Neuankömmlinge«, erzählt Florian. »Die studentischen Verbindungen werben um Mitglieder. Jeder neue Student kriegt bei der Anmeldung eine Mail mit der Adresse eines älteren Semesters, des sogenannten ›Leader‹. In dessen Wohnung treffen sich dann ein Dutzend Leute und ziehen durch die Stadt. Wunderbar – es wird natürlich auch viel getrunken, aber das Wichtigste ist, dass man gleich unter Leuten ist.«

Florian wohnt in einer Vierer-WG – die Kontakte stammen allesamt aus der Kennenlernwoche. In ein Haus einer studentischen Verbindung ist er lieber nicht gezogen. »Alle Jungs dort haben so zurückgekämmte Haare mit viel Gel, und dazu gibt es dann den Typus des Hockeymeisjes, des Hockeymädchens mit Poloshirt, hochgestelltem Kragen und Schottenrock.« Aber feiern können sie offensichtlich, die Verbindungsstudenten. Die Begrüßungswoche war sehr »gezellig«, sagt Florian. Gezellig, diesen Ausdruck, den man in den Niederlanden an jeder Ecke hört, ist mit »gemütlich« nur unzureichend übersetzt – es ist der Inbegriff des Wohlbefindens schlechthin.

Florian erinnert sich an platte Schlagermusik, »stumpf, aber lustig«, und an eine Kneipentour durch die Groninger Poulestraat, die in einem Lokal begann und endete, das zehn Glas Bier für neun Euro im Angebot hat.

Aber, wie gesagt, diese Woche liegt längst hinter ihm. Nein – müde sieht Florian aus, weil er seit morgens um acht in der Bibliothek gebüffelt hat für eine Prüfung in kognitiver Psychologie. »Durch die Statistik-Prüfung sind nur 31 Prozent im ersten Anlauf gekommen. Einmal darf man wiederholen.« Nach unserem Gespräch will er zurück in die Bibliothek und weiterlernen.

Was er mag?

Laue Sommernächte, in denen ganz Groningen auf Klappstühlen vor den Häusern sitzt. Es passiert nicht viel, aber es ist schön. Leute gucken Leute, und manche grillen sogar. »Die Menschen sind freundlicher als in meiner Heimatstadt – sie grüßen sich auf der Straße.«

Was er nicht mag?

Das Essen aus der Wand. Niederländer haben ja wenig Scheu, alles Essbare in die Fritteuse zu werfen, auch Bananen. Doch es gibt noch eine Steigerung: die Wand. So nennt man die Automatenrestaurants mit den vielen Klappen, die von hinten aufgefüllt werden mit heißen Kroketten, Frikandellen und Frühlingsrollen frisch aus der Frittüre. Gegen Einwurf von ein oder zwei Euro lässt sich die Klappe öffnen. Verzehr dann meist im Stehen.

Für Florian ist das ein Tiefpunkt der Gastronomie. »Das ist hart. Da hab ich noch nie gegessen.«

Mehr Verständnis hat Florian da schon für die sogenannte »koopjes-Mentalität« – die Schnäppchenjäger-Mentalität – seiner Mitstudenten. »Wenn ich sehe, was in den Läden gerade im Angebot ist, weiß ich, was alle meine Freunde am Abend auf dem Tisch haben.« Die Sparfreude wertet er als rationales Verhalten, nicht etwa als Geiz.

Was er vermisst?

Schwarzbrot. Überhaupt das Brot.

Im Ausland lernt man, wie deutsch man ist – und dazu gehören die Vielfalt und die handwerkliche Qualität der Brotsorten.

Florian findet nichts dabei, auf Englisch zu studieren. Wollte er Niederländisch lernen, müsste er sich stur stellen und so tun, als verstünde er kein Englisch. Denn die einheimischen Kommilitonen schalten bei der kleinsten sprachlichen Unsicherheit des Gegenübers sofort auf Englisch um. Das ist ihnen lieber, als einem radebrechenden Deutschen das Niederländische beizubringen.

Immerhin kommt Florian aus einem Land, das hier gerade hoch im Kurs steht. »Natürlich wurde ich am Anfang ein bisschen gehänselt. ›Bringst du endlich das Fahrrad zurück?‹ – der Klassiker eben.« Deutsche Soldaten hatten beim Abzug aus den besetzten Niederlanden mindestens eine Million Fahrräder geklaut. Es gibt kaum einen Deutschen, der darauf nicht angesprochen wird.

Der Fahrradklau ist tatsächlich noch immer Thema, aber in einer anderen Variante. Ständig verschwinden in Groningen Fahrräder. Jeder Student weiß aber, wie man sie preiswert wiederbekommt. Man kauft im Prinzip sein eigenes Rad zurück. Und da gibt es auch keine Grenzen mehr zwischen Niederländern und Deutschen.

Wohl aber beim Fußball.

Als die Niederlande die Qualifikation für die Fußball-Europameisterschaft verpassten, lag Florian ein Scherz auf der Zunge. Doch er merkte schnell, dass ausgerechnet von ihm keine Witze über das frühe Ausscheiden der Nationalmannschaft erwartet wurden.

Viertes Kapitel

Aufbruch ins Wunderland

*Wo man sogar in Kirchtürmen wohnen kann
und sich Männer und Frauen zur Begrüßung dreimal
auf die Wange küssen.
Wo man Regeln lieber umgeht, als sie zu brechen.
Wo Hunde nicht bellen.
Wo bei Geburtstagen alle im Kreis sitzen.
Wo »Geiz« nur ein Gerücht ist.*

Als Deutscher in den Niederlanden 1982

Es muss ein sonderbarer Anblick gewesen sein, wie wir junge Deutsche damals in Amsterdam aus dem Zug kletterten, alle mit »Büßersandalen« von Birkenstock an den Füßen. Das ist kein Scherz. Alle Männer (und auch ein paar Frauen) trugen Birkenstock-Sandalen in kleidsamem Braun.

Das liegt jetzt eine Generation zurück. Damals bemühte ich mich, sofort Niederländisch zu lernen. Um anzukommen, aber auch um schnell unterzutauchen in diesem Wunderland, ohne antideutsche Reflexe auf mich zu ziehen. Wir gehörten zu einer Generation, die im Geiste der Aussöhnung unterwegs war – als Freiwillige der Aktion Sühnezeichen.

Aber wir alle stellten mit Erstaunen fest, dass die Niederländer wesentlich bunter und modischer angezogen waren. Und das war eine wesentliche Entdeckung. Man durfte sich also auch ohne Einheitslook als progressiv betrachten. Erstes Zeichen dieser neuen Freiheit war für mich eine baumwollene Arbeiterhose vom Amsterdamer Geschäft »de Mof« am Harlemmerdijk – in knalligem Aquamarinblau. (Den Laden hatte übrigens 125 Jahre zuvor der westfälische Immigrant Ferdinand Holzhaus gegründet. Deutsche Zuwanderer nannte man »moffen«. Daher der Name des Geschäfts.)

Der Bart war auch bald ab, und die Sandalen verschwanden unterm Hochbett. Meine Bleibe für die ersten Monate war ein Zimmerchen siebenundfünfzig Stufen hoch im linken Turm einer neoklassizistischen Franziskanerkirche mitten im Stadtzentrum. Um dorthin zu kommen, musste man quer durchs Kirchenschiff. Das wurde gelegentlich für große Veranstaltungen und sogar für Staatsakte genutzt und hatte auch einmal zweiundachtzig illegalen marokkanischen Arbeitern als Fluchtort, als Kirchenasyl, gedient. Die Polizei stand geschlagene sechs Wochen vor der Tür, um die Illegalen abzuschieben. Drinnen wachte mit den Männern ein Team von Geistlichen, bereit zu jeder Tages- oder Nachtzeit eine Messe zu lesen. Das war ein Trick, denn »Kirchenasyl« stand nicht im Gesetzbuch. Wohl aber ein Passus, wonach der Staat Gottesdienste nicht stören darf. Dieser geschickte Umgang mit Regeln – unterlaufen, aber sie nicht brechen – hatte am Ende sogar Erfolg. Die Regierung gab irgendwann nach und legalisierte die »Kirchen-Marokkaner«.

Das Zimmer im Turm war eine erprobte Durchgangsstation. Meine Mitfreiwillige Barbara hatte auch in diesem Zimmer angefangen und wohnte jetzt in einem besetzten Haus in der Bilderdijkstraat.

Es war, so kalt es im Winter auch wurde, ein Zimmer der Möglichkeiten, denn wer hat schließlich schon eine ganze Kirche zur Verfügung? Mike, der erste Freiwillige von Aktion Sühnezeichen, der in diesem Zimmer unterkam, begann dort seine Musikerkarriere. Er öffnete ein Fenster im dortigen Büro, das einst die Kleiderkammer der Patres gewesen war, und spielte stundenlang Saxophon, in den großen offenen Kirchenraum hinein. »Moet kunnen.«

Unter dem Fenster – am Sockel der Kirche – prangte ein Satz in großen Lettern, den wir beim Praktikum im Sommer gemeinsam ausgemalt hatten. Es war Gandhis Leitspruch: »Er is geen weg naar vrede – vrede is de weg«, und dazu das Wort »Friede« auf Russisch, Arabisch, Hebräisch und in zehn weiteren Sprachen. Gandhis Motto lässt sich leicht ins Deutsche übersetzten: »Es gibt keinen Weg zum Frieden, Frieden ist der Weg.« Heute ist der Schriftzug an der Kirche verblasst, doch damals waren wir mächtig stolz darauf und fanden das Pathos auch nicht peinlich.

Ali Baba und die vierzig Räuber

Es war ein warmer Herbst, die Mücken stiegen nachts von den Grachten auf, häufig lag ich dann wach und lernte die Geräusche meiner neuen Heimatstadt zu deuten. Am einen Ende der Straße, in einem prächtigen Bürgerhaus aus dem Goldenen Jahrhundert, hatte Rembrandt zwanzig Jahre bis zu seinem Bankrott gelebt, gegenüber war ein moderner Klotz von Neubau, im Volksmund nach seinem Erbauer, dem Unternehmer Maup Caransa, »Maupoleum« geheißen, der regelmäßig den Titel »hässlichstes Gebäude der Niederlande« verpasst bekam, und quer über die Straße war vorübergehend der Flohmarkt am Waterlooplein untergebracht, von wo aus die Düfte frisch gebackener Fritten herüberwehten.

Unter meinem Fenster auf der Jodenbreestraat parkten die

Autos deutscher Touristen. Nachts hörte ich es manchmal klirren, wenn eine Autoscheibe eingeschlagen wurde. Das passierte auch am helllichten Tag, vor aller Augen. Wenn das Fensterglas erst mal in Scherben lag, reichte ein Griff, um die Fahrertür von innen zu öffnen, ein zweiter, um das Autoradio aus der Halterung zu reißen. Dafür brauchten die Diebe keine dreißig Sekunden. Sie mussten sich dabei aber nicht einmal beeilen. Der Verfolgungsdruck war gelinde gesagt minimal. Niemand hatte es sonderlich eilig, weder Passanten noch Polizisten, deutschen Touristen ihre Radios wiederzubeschaffen. Irgendwo mussten die Junkies sich ja Geld für ihren Stoff besorgen, dachten sich wohl die Einheimischen. Die Radios konnte man dann wenig später gegenüber auf dem Flohmarkt zurückkaufen, ebenso wie frisch geknackte Fahrräder.

Mittelpunkt des Marktes mit seinen Bretterbuden und Zelten war das Haus der Marktaufseher, an dessen Wand sinnigerweise in großen Lettern stand: »Ali Baba und die vierzig Räuber.« Genau unterhalb des Schildes drehten Hehler ihre Runden. Wenn sie ihre Ärmel hochschoben, sah man ein halbes Dutzend Uhren.

Der Markt war allerdings nur ein schwaches Abbild früherer Zeiten. In meinem Reisegepäck war die Reportagensammlung »Geschichten aus sieben Ghettos«. Der »Rasende Reporter« Egon Erwin Kisch hatte Amsterdam 1933 besucht und das jüdische Viertel rund um die Mozes en Aäronkerk beschrieben, als eine eigene Welt voll Witz und Leben und mit der ganzen sozialen Rangleiter vom Trödler über den Diamantenschleifer bis zum vornehmen Handelsherren. Hier fühlten sich die Juden sicher nach ihrer Flucht vor russischen Pogromen und spanischer Inquisition. Mittenrein in dieses

Viertel bauten die Franziskaner ihre Kirche. Es kam nicht oft vor, dass Katholiken bei Juden Unterschlupf gesucht haben, aber genau das passierte in den Niederlanden nach der Reformation.

Mozes en Aäronkerk – unter diesem Namen ist die Kirche in Amsterdam bekannt. Eigentlich heißt sie St. Antoniuskerk, nach Antonius von Padua. Der erste Bau an dieser Stelle entstand um 1650, zu einer Zeit, als Katholiken in Amsterdam zwar glauben durften, was sie wollten, ihren Gottesdienst aber nicht öffentlich ausüben konnten. So weit ging die Toleranz der protestantischen Mehrheit nämlich nicht. Franziskanerpater kauften deshalb nach und nach sechs Häuser im jüdischen Viertel zusammen und bauten hinter den Fassaden eine Kirche. Außen am Giebel prangten Porträts der jüdischen Stammväter Moses und Aaron.

Es gab noch weitere sogenannte »schuilkerken« in Amsterdam, verborgene Kirchen mit Decknamen wie etwa »Der Papagei«. Jeder wusste, wo die Katholiken beteten, aber es durfte nicht allzu öffentlich sein.

Mit Knarre in die Kirche

Das jüdische Viertel gab es damals nicht mehr; nur wenige Juden waren aus den Lagern zurückgekehrt. Und die Stadt Amsterdam hatte große Pläne mit der Gegend. Gegenüber der Kirche wurden Pfähle in den Amsterdamer Morast gerammt. Mit Pressluft! Auf einen Wecker konnte ich in den Jahren der Bauzeit getrost verzichten. Manchmal wehte Tränengas über den Zaun. Tagsüber bewachten die behelmten Polizisten der mobilen Einheit die Baustelle aus Rathaus und Oper (Stadhuis + Opera = Stopera). Wenn sie dann in voller Montur, das Visier hochgeklappt, mit lehmverschmierten Stiefeln zum »Händewaschen« zu uns die paar Schritte über die Straße ins Mozeshuis kamen, machten sie sich nicht die Mühe, vorher abzurüsten.

Doch eines Tages trieben sie es zu weit. »Polizist vom Posten vor der Stopera kommt mit Stiefeln und Knarre in die Kirche zum Telefonieren. Selbst in die Ausstellung Vredesaffiches (Friedensposter) wollten sie in voller Kriegsmontur rein«, schrieb ich 1982 in mein Tagebuch.

Es wäre sehr unniederländisch gewesen, solch einen Auftritt einfach hinzunehmen. Nun hatte das Mozeshuis alle paar Wochen ohnehin Polizisten im Haus, die gemeinsam mit »Krakern«, also Hausbesetzern, über neue Spielregeln im Umgang miteinander sprachen. Die Gespräche fanden hinter verschlossenen Türen im sogenannten Mozessaal statt – ein fensterloser Raum mit den Porträts früherer Patres an der Wand – und blieben vertraulich. Es war nach solcher einer Gesprächsrunde, dass die Beamten fortan wenigstens ihren Helm abnahmen, bevor sie die Kirche betraten.

Amsterdam war Mitte der Achtzigerjahre eine unruhige Stadt. Für die neue U-Bahn sollte ein komplettes Stadtviertel rund um den Nieuwmarkt weichen – und um dies zu verhindern, zogen junge Menschen in die Häuser ein und verschanzten sich dort. In den Hochzeiten waren bis zu eintausend Häuser in ganz Amsterdam besetzt. Ständig hörte man Peterwagen und Sirenen und es hagelte Räumungsbefehle. An den Türschildern, etwa am Kloveniersburgwal, standen nur Vornamen.

Manchmal gelang es der Polizei, Post mit den vollständigen Namen abzufangen. Einer Bekannten von mir, der Studentin Marjan, flatterte daraufhin ein Räumungsbescheid ins Haus. Doch sie drehte den Spieß um. Von ihrer Fakultät ließ sie sich bescheinigen, dass sie sich zu Forschungszwecken in dem besetzten Haus aufhalte. Thema: »Leben unter Stress.«

Marjan kam damit durch, für eine Weile jedenfalls. Dann war ihr tatsächlich der Stress zu groß. Der Wind hatte sich gedreht. Die Kraker waren noch immer Avantgarde, hatten sich aber bei der Bevölkerung einige Sympathien verscherzt. Es war ein klassischer Interessenskonflikt: Die Stadt wollte Häuser aufkaufen, modernisieren und reguläre Mieter einziehen lassen. Die Kraker hingegen wollten in Eigenregie die Häuser herrichten und dort mietfrei wohnen. Und sie saßen häufig am längeren Hebel.

»Kraker vertreten in diesen Fällen das Recht des Stärkeren und bleiben wohnen. Anfang Oktober wird ein solches Haus geräumt. Das Lucky-Luyk-Haus. Kraker argumentieren, dass die Stadt nichts für junge Leute tut. Die Stadt verweist auf die lange Liste der Wohnungssuchenden«, notierte ich Anfang Oktober 1982 in meinem Tagebuch.

Mit dem Fahrrad war es nicht weit zum Lucky-Luyk-Haus, diesem schönen dreistöckigen Jugendstilhaus im Museumsviertel, aber die Türen waren verrammelt und die Stimmung angespannt.

Bei der gewaltsamen Räumung am 22. Oktober 1982 wurde

in Amsterdam erstmals seit Kriegsende für drei Tage der Notstand ausgerufen. Der private Eigner war bankrottgegangen,
ein Pensionsfonds hatte das Haus 1981 übernommen und ließ
es verfallen. Junge Leute zogen ein, wechselten die Schlös-
ser aus und richteten sich wohnlich ein. Wieder ein Besitzer-
wechsel – und der neue Eigner schickte eigenmächtig zwanzig
Schläger ins Haus, die die Besetzer aus dem Haus prügel-
ten. Die Kraker bewaffneten sich – und eroberten das Haus
zurück. Ein Jahr später folgte dann die offizielle Räumung.
Beide Seiten gingen mit großer Brutalität aufeinander los. Die
Kraker warfen mit Eisenteilen, Steinen und Benzinbomben.
Die Polizei nutzte den Notstand, um jeden festzunehmen, der
auch nur entfernt nach Sympathisant aussah, und verprügelte
alle, die ihnen im Weg standen oder einfach nur zuschauten.
Danach ging es mit der Kraak-Bewegung langsam bergab.

Amsterdam war noch immer voll von baufälligen alten
Häusern, die aus Spekulationsgründen leer standen. Lange
gehörte es zum guten Ton für junge aufgeklärte Menschen,
sich der Hausbesetzerszene anzuschließen. Doch die Gewalt
schreckte viele ab. Ich blieb lieber in meinem Kirchturm.

Wind of Change: verheirate Priester

Trotzdem wehte in den Niederlanden noch immer ein Wind
größerer gesellschaftlicher Freiheit als in Deutschland, ein
Versprechen auf ein besseres Leben. Der Chef des Mozeshuis,

Jan Ruyter, nahm mich gleich am ersten Tag zur Seite und sagte: »Hier duzen wir uns alle.« Jan Ruyter – ein großer blonder Mann mit Lachfalten und athletischem Körperbau – trug Jeans und Wollpullover. Er war Mitte vierzig, wortgewandt und mitreißend; und er versuchte damals gerade, mit dem Rauchen aufzuhören. Manchmal lieh er sich meinen Tabaksbeutel und drehte eine Zigarette, steckte sie sich aber nicht an, sondern stopfte sie in den Beutel zurück.

Anfangs wähnte ich mich im Paradies. Was mir besonders gefiel: Es gab keine Arbeitsanweisungen im Kommandoton. Aufträge wie Kaffeekochen, Plakate aufhängen oder die Decke malen wurden so formuliert, dass man sie auch ablehnen konnte.

Erst später lernte ich, dass dies die Essenz des niederländischen Arbeitslebens ist. »Auch ein Chef muss immer an die Einsichtsfähigkeit der Mitarbeiter appellieren. Unabhängig von der Position, wollen Niederländer auch bei kleineren Tätigkeiten mitdenken und von der Richtigkeit ihres Tun überzeugt sein«, heißt es in dem Standardwerk »Beruflich in den Niederlanden«.

Jan Ruyter ging es wie allen Chefs: Nicht alle liebten ihn. Er wusste vielleicht zu sehr, was er wollte, und war äußerst begabt darin, uns seine eigenen Ideen einzuimpfen.

Wenn man ihn dabei ertappte (und möglicherweise darauf ansprach), grinste er von einem Ohr zum anderen. Jan Ruyter, der später von Königin Beatrix mit einem Ritterorden geehrt wurde, war eine außergewöhnliche Erscheinung in einer doch sehr auf Egalität bedachten Zeit. Jan nannte sich nicht Direktor, sondern »coördinator« und war einer der Anführer einer kirchlichen Bewegung gegen den Zölibat. Dem hatte er auch gleich Taten folgen lassen. Jan, der katholische Priester, hatte geheiratet und stand – anders als so viele Priester mit ihren heimlichen Verbindungen – zu seiner Frau und den zwei Kindern.

Und der Rebell Jan Ruyter war damit keineswegs allein. Der Zölibat war damals in den Niederlanden nicht sehr populär.

»Was sagt der Bischof dazu, dass er einen verheirateten Priester in seinen Reihen hat?«, wollte ich von Jan wissen.

Jan zog seine Mundwinkel leicht nach oben. »Unser Bischof sitzt in Haarlem, dreißig Kilometer entfernt. Solange ihn keiner offiziell fragt, ob das mit den Regeln der katholischen Kirche zusammengeht, schaut er einfach zu. Bisher hat ihn niemand zur Entscheidung gedrängt.«

Jan Ruyter haute nicht mit der Faust auf den Tisch, und er wurde auch nicht laut, wenn Mekki, Peter oder Syl, Rob, Hein, Barbara, Andrea oder ich Fehler machten. Etwa als ich zehn Dosen Champignonsuppe in einen großen Topf leerte, nur leider übersehen hatte, dass dort noch ein Rest Suppe der Vorwoche schwamm – und der war über seine Zeit hinaus. Alles musste weggeschüttet werden. Eine Konsequenz gab es daraufhin doch: Ich wurde weitgehend von Hausmeisterdiensten freigestellt und zusammen mit Rob in ein kleines Büro im zweiten Stock des Kirchturms gesteckt. Dort saß der Lau-Mazirel-Fonds, der sich mit Rechtshilfe und Öffentlichkeitsarbeit für Sinti und Roma beschäftigte. Mir war das nur recht, zumal die Versetzung nicht wie eine Bestrafung daherkam. Der kanadische Soziologe und Erfinder des Peter-Prinzips, Laurence J. Peter, vermutet hinter

Patzern wie dem mit der verdorbenen Suppe übrigens eine Absicht – und nennt das entsprechende Verhalten »kreative Inkompetenz«.

Bellen ist nicht gleich bellen

Die Niederlande waren in vielem Vorreiter, auch in der schnörkellosen Art, über Sex zu sprechen. Dabei war aber Vorsicht geboten, vor allem, wenn man aus Deutschland kam. Gerade weil beide Sprachen auf den ersten und zweiten Blick manches gemeinsam haben, gibt es zahlreiche Fallen. Manche Worte führen direkt in die Irre. »Huren« heißt ganz harmlos »mieten«. »Nuttig« bedeutet sehr unspektakulär »nützlich«. »Klaarkomen« dagegen »zum Höhepunkt kommen«. »Bellen« heißt übrigens »telefonieren«.

Von Feddo und Guus, meinen gleichaltrigen Kollegen, lernte ich, während wir gemeinsam die Stühle in die Kirche trugen, dass »voor het zingen de kerk uit« nicht nur bedeutet, dass ein Kirchgänger sich um den Klingelbeutel drückt, indem er vorzeitig, also »vor dem Singen«, aus der Kirche schleicht, sondern dass dieser Ausdruck auch den Coitus interruptus bezeichnet.

Für das, was von Guus und Feddo nicht zu erfahren war, gab es andere Lehrmeister. Der Niederländischlehrer Dik Linthout war berühmt für seinen lebensnahen Unterricht.

Von Dik lernten wir Sprachschüler in zwei Wochen Intensivkurs die wesentlichen Dinge: etwa, dass Frau Antje nur für die Käse-Reklame in Deutschland erfunden worden war und ihr Vorname in den Niederlanden ungebräuchlich ist. Dass die Tulpe aus Asien kommt, genauer gesagt: aus der Mongolei. Und das Königshaus eher deutsch als niederländisch ist.

Dik und seine Frau Gila pflegten ein offenes Haus und ebneten Generationen von Sprachschülern den Weg in die niederländische Gesellschaft. Ein deutsch-niederländisches Paar, unglaublich lässig und schlagfertig.

Sie wohnten auf drei Etagen in einer ehemaligen Wäscherei, am Rande des Amsterdamer Kleine-Leute-Viertels Jordaan, und zogen gemeinsam ihre beiden Kinder groß. Gila hatte eine volle Stelle am Goethe-Institut, und Dik war Hausmann und Übersetzer. Beide unterrichteten sie, Gila Deutsch und Dik Niederländisch. Dik – mit der Statur eines Rugbyspielers und dem kahlen runden Kopf eines Intellektuellen (was er auch beides war) – pflegte seinen Kindern jeden Abend eine Geschichte zu erzählen, eine, die er sich selbst ausgedacht hatte. Als die Familienkatze starb, waren die Kinder sehr traurig. Abends erzählte Dik ihnen, dass Kater Feijntje im Himmel einen eigenen Dosenöffner bekommen würde, und das tröstete die Kinder. Vermutlich tröstete sie aber auch, dass bald eine neue Katze ins Haus kam – nämlich als Dik und Gila entdeckten, dass die Katzenflöhe überlebt hatten und nun bei ihnen zubissen.

Dik gab uns auch ganz praktische Lebenshilfe. Wenn wir spät mit dem letzten Zug am Amsterdamer Hauptbahnhof ankämen, sollten wir einen Bogen um die jungen Männer machen, die sich dort eingehend mit den Fahrrädern beschäftigten. Verharrte man allzu lange, so Dik, könnte es schnell ungemütlich werden. Die Herren wollten ungestört sein.

»He du da, hau ab! Sonst kriegst du Prügel!«

Sie trugen Plastiktaschen, aus denen Rosenblüten ragten. Tatsächlich verbargen sie zwischen den Blumen den langen Griff eines Seitenschneiders. So wie sich angehende Hausbesetzer, die Kraker, den Kuhfuß bei der Organisation *koevoet* leihen konnten, um die Haustür aufzustemmen, besorgten sich die Fahrradknacker das passenden Werkzeug in der Eisenwarenhandlung um die Ecke, die dafür einen moderaten Preis von fünf Gulden pro Tag verlangte.

Für einen ähnlich moderaten Preis konnte man in einschlägigen Second-Hand-Läden gebrauchte Fahrräder kaufen.

Der Kreis war geschlossen.

Heimweh nach Schwarzbrot

Beim ersten niederländischen Frühstück staunten wir nicht schlecht über die Dünne der Schinkenscheiben: acht zarte Scheiben auf hundert Gramm. Dafür gab es aber auch acht verschiedenen Sorten auf dem Tisch. Wir reicherten unsere Brote an, indem wir Käse und Wurst übereinanderstapelten. Als der Geschmack uns dann noch zu fade war, strichen wir Erdnussbutter (Pindakaas), Sambal Oelek und manchmal noch Marmelade obendrauf. Wenn wir nicht schon vorher Liebhaber deutscher Backkunst gewesen waren, so wurden wir es hier im Handumdrehen. Das Brot war – nun, sagen wir es höflich – einfach zu elastisch. Sprachlehrer Dik band uns im Niederländischkurs erfolgreich den Bären auf, das Brot wäre streng nach NIN 8, der niederländischen Industrienorm, gebacken, und die Acht stünde für die Anzahl der Sekunden, in denen das Brot nach dem Zusammendrücken seine volle Form wiedererlange.

Wir lernten schnell, dass unser neues Lieblingsland nicht nur Bewunderer hatte. Überraschend war das nicht, der Geiz der Niederländer war damals sprichwörtlich. Es war die Zeit der richtig schlechten Witze. Am weitesten gingen die Nachbarn im Süden. Die Belgier spotteten – noch ganz ungehindert – über die Nachbarn: »Eine typische niederländische Bestellung? – eine Cola mit sechs Strohhalmen.« Oder: »Wie löse ich eine niederländische Demonstration auf? – Indem ich Spendenbüchsen herumgehen lasse.« Auch die Erfindung des Kupferdrahtes wurde ihnen zugeschrieben: »Das war, als zwei Niederländer sich um einen Cent stritten.« Eine niederländische Spezialität, die Schokostreusel, genannt »Hagelslag«, mussten als »niederländische Pralinen« durchgehen. Es gab das Gerücht, die Tortenstücke bei Geburtstagsfeiern seien abgezählt, und es sei üblich, jemanden zum Essen einzuladen, um ihn dann bezahlen zu lassen (»go dutch« wurde zum geflügelten Ausdruck).

Das mit den Tortenstücken stimmte sogar.

Vielleicht waren derartige Witze irgendwie noch durch das Grundgesetz »moet kunnen« gedeckt, dennoch habe ich noch keinen Niederländer getroffen, der sie wirklich amüsant fand.

Eigentlich tröstlich, dass die Niederländer in dieser Frage nicht über sich selbst lachen. Sonst gelten wir Deutschen ja immer als die Spielverderber.

Die Niederländer zahlten es den Belgiern übrigens mit gleicher Münze heim: »Belgier bauten den ersten überdachten Flugplatz der Welt«, hieß es – und das war nur eine der Beleidigungen, die auf die vermeintliche geistige Schlichtheit der Nachbarn hinzielten.

Open end

Mein Berufsalltag bestand anfangs vor allem aus Kaffeekochen, Saubermachen, einfachen Büroarbeiten – und langen, langen Sitzungen, in denen jeder, auch Köchin Hanna und die deutschen Freiwilligen, reden durfte. So eine Sitzung – immer montagmorgens – konnte gut und gerne drei Stunden dauern. Und einmal bin ich dabei auch tatsächlich eingeschlafen.

Manche Fragen berührten jedoch vor allem uns Freiwillige. Spannend war dabei auch, von den Fehlern anderer zu hören. Einer hatte mit einer interessanten Kampagne zu tun, die das Mozeshuis startete und die quer zum Zeitgeist lief. Ganz normale Amsterdamer wurden eingeladen, um in zehn Abendkursen etwas über die »Neuen Amsterdamer« zu lernen, also über Molukker, Marokkaner, Antillianer, Türken und Menschen aus Surinam. Die Kurse wurden zum Markenzeichen des Mozeshuises und zum Ausdruck neuen Denkens, denn hier wurde die Integrationslast einmal umgekehrt. Diesmal drückten die Niederländer die Schulbank.

Doch zunächst kamen keine Anmeldungen. Keine einzige. Kein Wunder, denn auf der Einladung fehlte das Datum. Irgendjemand hatte geschlafen – und nach der montagmorgendlichen Sitzung wusste jeder, wer es gewesen war, auch ohne dass der Name fallen musste.

Für jede Sitzung gab es eine Tagesordnung – und ein Protokoll.

Vieles wurde vertagt und immer wieder neu besprochen. So ermüdend ich das fand, die meisten niederländischen Kollegen liebten dieses Spiel, bei dem es praktisch nie ein Ende der Debatte gab.

Es war Rob, der mir dieses Phänomen erklären sollte. Wir saßen in unserem Büro, der Kleiderkammer mit freiem Ausblick in die Kirche. Rob, der studierte Theologe und Franziskanermönch, erholte sich von solchen Sitzungen, indem er mitten am Tag seine Klarinette auspackte und eine Viertelstunde lang übte. Danach hatte er den Kopf wieder frei, um mir sein Land näherzubringen.

»Wir nennen so eine Sitzung ›Vergadering‹. Die gibt es ständig, im ganzen Land. Sie halten das Land zusammen.« Rob zwinkerte ironisch. »Es wird ständig verhandelt bis zum Kompromiss, den man daran erkennt, dass alle unzufrieden sind. Einmal getroffene Entscheidungen dürfen deshalb auch sofort wieder in Frage gestellt werden.«

Manches war hier aber auch formeller als zu Hause. Etwa die Titelsucht.

So locker sich alle duzen, im Schriftverkehr gab und gibt es sehr detaillierte Regeln, wie man etwa einen Doktor anzuschreiben hat, nämlich »weledelzeergeleerde heer/vrouwe«. Ein Oberst (niederländisch »Colonel«) hat Anspruch auf »hoogedelgestrenge heer/vrouwe«. Ein Staatssekretär erhält den Titel »excellentie«.

Es kam durchaus vor, dass wir offizielle Briefe schreiben mussten. Das Mozeshuis mischte sich ständig in die Politik ein. Es setzte sich zum Beispiel für polnische Roma ein, die im Hungerwinter 1982 in die Niederlande geflüchtet waren.

Doch wenn man die Politiker oder Beamten dann persönlich kennenlernte, war man überraschend schnell beim Vornamen und beim »Du«.

So war es auch bei den Beamten der Fremdenpolizei drei Häuser weiter rechts, wo ich alle drei Monate meine Arbeits- und Aufenthaltserlaubnis verlängern musste. Klar, dass man sich duzte. Die strengen Titelregeln galten nur für den Briefkopf. Wer im Alltag seinen Doktortitel vor sich hertrug, erntete eher ein leises Lächeln – das bis heute anhält.

Chateau obligatoire

Gewöhnungsbedürftig war für uns, dass das ganze Land schon um achtzehn Uhr zu Tisch saß. Nach dem Abendessen gab es Kaffee und Kekse. Um der Wahrheit die Ehre zu geben: Es gab ziemlich genau *einen* Keks. Die abendliche Keksdose war damals ebenso wie die abgezählten Stücke Kuchen auf einer Geburtstagsfeier Leitkultur, versüßt durch Hagelslag, Koffiemelk und Vla.

Spätestens bei der ersten Geburtstagseinladung lernten wir zudem die Institution des Stuhlkreises als die übliche Sitzordnung für häusliche Feiern kennen. In deutschen Kindergärten sollte uns das später als junge Eltern dann wiederbegegnen.

Zum guten Ton gehörte es – auch unter jungen Leuten –, eine Flasche Wein zu einer Abendesseneinladung mitzubringen. Diese Flasche hieß, unabhängig von ihrem tatsächlichen Geschmack, »Chateau obligatoire«. Hatte man sich im Regal vergriffen und war bei den sehr preiswerten Weinen aus südlichen Ländern oder aus Deutschland und Österreich gelandet, die damals oft mit Glykol versetzt waren und einen schrecklichen Kater verursachten, hieß der Tropfen »Chateau migraine«.

Die Niederländer wussten ihren Alltag mit Witz zu meistern, sogar die Intellektuellen nahmen sich immer mal wieder selbst auf die Schippe. Die Zeitschrift *Haagse Post,* die bei Dik und Gila auf dem Esstisch lag, warb mit dem selbstironischen Satz: »Links und doch lesbar«. Wer noch eine schwache Erinnerung an das Kauderwelsch progressiver Gruppen der Achtzigerjahre hat, wird die Freude über so viel Leserfreundlichkeit nachfühlen können.

Nun – die Keksdose ist weitgehend verschwunden. Oder sie wird jedenfalls nicht sofort wieder auf den Schrank gepackt, sobald sich jeder bedient hat. Vielleicht gibt es irgendwo in den Niederlanden einen Turm ausgedienter Kekstrommeln. Der dürfte bei fast siebzehn Millionen Niederländern bis an die Alpenhöhe reichen. Die Niederländer, die ich kenne, haben diese alte Sitte abgeschüttelt. Es ging auch nie ums Essen an sich, es ging um die Geisteshaltung dahinter – die Abneigung gegen Verschwendung. Außerdem: trockene Kekse schmecken nicht.

Die Niederländer in ihrer Mehrheit sind viel hedonistischer geworden. Es gibt einen Slogan, fast schon ein Schlachtruf: »Ikke ikke – de rest kan stikke.« Frei übersetzt heißt das: »Ich, und ich, der Rest kann mich mal« – und hört sich an wie das Credo neoliberaler Investmentbanker. Für viele Niederländer muss es aber wie ein Befreiungsruf geklungen haben.

Man darf nicht vergessen, aus was für einer moralischen Zuchtanstalt sie hervorgegangen sind. Der Calvinismus verlangte Askese, Bescheidenheit und Arbeitseifer. Zu den größten Sünden gehörten langer Schlaf und Luxus. Lachen sollte man besser nicht ohne Grund.

Heute darf man genießen, teuer essen und große Autos fahren. Sogar angeben ist erlaubt. Das CBS, das Zentrale Büro für Statistik, konstatiert bei seinen Bürgern eine deutliche Wendung hin zu persönlicher Selbstverwirklichung, materiellem Streben und Konsumorientierung ohne viel Tiefgang als zentrale kulturelle Werte.

Sosehr das statistisch zutreffen mag, gilt auch immer ein bisschen das Gegenteil. Die Niederländer sind in unzähligen Vereinen und Initiativen für das Gemeinwohl engagiert. Wer keine »Freiwilligenarbeit« leistet, muss sich dafür rechtfertigen.

Was, so scheint es mir, Standard bleibt, ist das Abendessen um achtzehn Uhr, und zwar als warme Mahlzeit. Spontane Besuche um siebzehn Uhr sehen stark nach einer Selbsteinladung aus – und sollten tunlichst unterbleiben.

In Deutschland warten Niederländer nach dem Abendessen sehnsüchtig auf eine Tasse Kaffee. In den Niederlanden ist das noch immer ganz normal. Das ganze Land schläft übrigens wunderbar nach dem späten Kaffeegenuss. Sätze wie »Ich trinke nach zwölf Uhr nur noch Rooibos-Tee« hört man dort selten.

Bleibt die alte Mär vom Geiz. Ich habe mir sagen lassen, dass Niederländer wesentlich lockerer mit dem Bezahlen im Restaurant umgehen als wir Deutschen. Die Frage »getrennt oder einzeln« wird erst gar nicht gestellt. Spontan entscheiden die Essensgäste, wer bezahlt. Beim nächsten Mal sind die Rollen dann vertauscht.

Aber was ist, wenn es bei einem Mal bleibt? Wer zahlt?

In solchen Fragen weiß Alexandra Kleijn Rat. Sie betreibt den niederländisch-deutschen Blog »buurtaal« und ist in beiden Ländern zu Hause.

»Da sind wir locker. Einer zahlt eben, und es gibt kein kleinliches Aufrechnen. Kannst du mir glauben ...« – sagt es und hat unsere Rechnung schon beglichen.

Was geblieben ist, ist auch ein gewisser Hang zur genauen Planung beruflicher und privater Termine. »Even mijn agenda pakken« – »lass mich mal in meinen Terminkalender gucken« – gehört zum Vorspiel fast jeder Verabredung.

Es ist ja auch schön, wenn man viel verabredet ist. Das zeigt, dass man mitten im Leben steht. Niederländer haben häufig viele Termine, nehmen Elternabende und Ehrenamt ernst. Darunter kann die Spontanität etwas leiden, wenn der nächste freie Termin für eine Begegnung am Mittwoch in drei Wochen ist.

Fünftes Kapitel

Mühe mit dem großen Nachbarn

*In dem erklärt wird, wovor Niederländer
am meisten Angst haben.
Was Kränze mit Hammer und Sichel in einer
Amsterdamer Kirche zu suchen haben.
Ein Loblied auf die kleinen Leute, die Frauen besonders.
Wo sich das Blatt am Ende wendet –
und die Niederländer darüber am meisten staunen.*

Warum Niederländer keine Sandburgen bauen

Wenn Rob Hoogenboom, meinem niederländischen Freund, die Decke auf den Kopf fällt, dann muss er an den Strand. Davon haben die Niederlande reichlich. Wann immer ich Rob besuche, fahren wir nach Parnassia »zum Auslüften«. Nicht dass man dort allein wäre: Auf den Fahrradwegen durch die Dünen bei Zandvoort kann man sonntags im Stau stehen. Aber hinter der Dünenkuppe ist da plötzlich der Horizont, weit und offen. Ob im Dezember oder im April, immer warten ein paar Surfer auf die nächste große Welle. Vor der Küste fahren in zwanzig Kilometer Abstand große Containerschiffe vorbei. In der Ferne erahnt man England. Eltern mit Kindern lassen Lenkdrachen steigen und werden von den Böen fast vom Boden gehoben. Hier kann man stundenlang wandern, bis es dämmert und man in der Ferne einen hellen Schimmer sieht.

Ja, das ist Westland. Dort stehen dicht an dicht die Gewächshäuser von Südholland. Ob man die wohl auch – wie die Chinesische Mauer – vom Mond aus sehen kann?

Im Dünen-Gasthof Parnassia gibt es »appeltaart met slagroom« – Apfelkuchen mit Schlagsahne –, der Wind rüttelt an den Scheiben, drinnen brennt ein offenes Feuer, es ist »gezellig«, der Inbegriff des niederländischen Behagens.

Die Niederlande haben eine lange Nordseeküste, über Hunderte von Kilometern. Im Sommer tummeln sich dort Millionen von Urlaubern, darunter viele Deutsche. Es gab Zeiten, da wurde gebuddelt und gebaut, befestigt und gesichert. Besonders die deutschen Gäste taten sich darin hervor. Das hat ihre Beliebtheit nicht unbedingt gesteigert.

Urlauber mussten auf dem Weg zum Wasser manchmal Slalom um all die Burgen laufen. Die vergänglichen Gebäude standen dicht an dicht. Die schönsten wurden prämiert. Nicht alle Nationen beteiligen sich am Bau von Sandburgen. Niederländer bauen im Allgemeinen keine Sandburgen.

»Nein, das tun wir nicht… Sich so breitmachen? Das ist Exhibitionismus«, sagt Rob.

Weil Sand zu schade ist für private Burgen? Nötiger für den Deichschutz? Oder weil der Burgenbau an den Atlantikwall aus dem Zweiten Weltkrieg erinnert mit seinen Betonbunkern in den Dünen?

Der Niederländischdozent und Literat Dik Linthout hat dafür noch eine andere Erklärung: »Niederländer würden an niederländischen Stränden nie eine Sandburg bauen und sich hineinsetzen, aus Angst, von anderen Niederländern mit Deutschen verwechselt zu werden.«

Irgendwas scheint da ja gründlich schiefgegangen zu sein, und man muss nicht lange graben, um herauszufinden, was das Verhältnis zwischen den Niederlanden und Deutschland schwierig gemacht hat. Aber kann eine mehr als zwei Generationen zurückliegende Besatzung noch immer so präsent sein?

Die beiden Länder verbindet eine komplizierte Gefühls-
lage, manche sagen auch Hassliebe. In den letzten Jahren do-
minierte in den Niederlanden eher die Bewunderung für den
großen Nachbarn. Nun bauen die Deutschen ja auch nicht
mehr so viele Sandburgen. Aber es gab und gibt auch andere
Momente.

In den Achtzigerjahren flog eine deutsche Freundin von
mir, Juliane, für zwei Monate in die Vereinigten Staaten, von
Amsterdam aus. Ihren Golf mit Münchner Kennzeichen
überließ sie währenddessen mir. Was dann auf der Fahrt zum
Strand nach Zandvoort passierte, überraschte mich doch.
Johlend und hupend überholten mich zwei Autos mit einheimischen Jugendlichen, die mir den Stinkefinger zeigten und
mich als »Rotmof« – die Steigerung von »mof« ins Vulgäre –
beschimpften.

Ich wusste nicht, welchen Anlass ich ihnen gegeben hatte.
Ich war nicht zu schnell gefahren, hatte mich nicht vorge-
drängelt, hatte keine Sandburg gebaut und sie keinesfalls
direkt auf Deutsch angesprochen.

Ich war platt. Als anonymer Radfahrer war ich bisher im
Strom mitgeschwommen. Dies war meine erste Portion von
ungefiltertem Deutschenhass. Man muss den Jungs vermutlich zugutehalten, dass sie sich auf dem übervollen Strand von
Zandvoort wie Fremde im eigenen Land vorkamen. Nicht
wenige westdeutsche Touristen betrachteten die Niederlande
insgeheim als »ihre Seeprovinz« und benahmen sich ent-
sprechend laut und einnehmend. Sie bestätigten damit, was
ohnehin bekannt war: Deutschen war nicht zu trauen. Sie galten als arrogant, und wenn man es einrichten konnte, fuhr
man um Deutschland herum, wenn man zum Skifahren nach

Österreich wollte. Die Antipathie wurde auch Jahrzehnte nach Kriegsende sorgfältig gepflegt. Über Deutsche durfte man abfällige Bemerkungen machen. »Das kam immer gut an«, schreibt Dik Linthout, der jahrzehntelang als Lehrer und Schriftsteller an der Nahtstelle zwischen den beiden Nationen gearbeitet hat. »Auf politische Korrektheit musste man bei Deutschland und den Deutschen nicht achten. Dagegen waren Türkenwitze im Bürgertum tabu.«

Vom Nutzen schlechter Vorbilder

Deutsche dienten als Vorbilder, im negativen Sinne. Denn es war nun einmal so: Die Niederländer hielten sich insgeheim für die besseren Menschen. Sie hatten das von klein auf so gelernt. Lange Zeit glaubte ich das auch. Die Niederlande waren es ja gewohnt, für andere Vorbild zu sein – sie brauchten das sogar. »Für ein gutes Verständnis des niederländischen Selbstbildes ist es wichtig zu begreifen, dass die bescheidene Größe des Landes durch ein Gefühl moralischer Überlegenheit kompensiert wurde«, heißt es im Länderbericht Niederlande. Der Autor ist Ton Nijhuis, der Direktor des Duitsland-Instituuts, und als solcher nicht der Nestbeschmutzung verdächtig.

Wie tief der antideutsche Reflex saß, erfuhren harmlose Hamburger Hockeyspieler. Die Mannschaft eines Hamburger Gymnasiums kehrte 1993 von einem Freundschaftsspiel aus den Niederlanden zurück und hatte zum ersten Mal erfahren, wie es ist, als Kollektiv, als Angehörige einer Gruppe, unbeliebt zu sein.

Marion, Mutter eines Mitreisenden, erzählte mir damals, wie ungerecht sich ihr Sohn Felix behandelt fühlte, denn nach seinem eigenen Verständnis gehörten er und seine Mitspieler zu den aufgeklärten, weltoffenen, guten Deutschen.

Die Schüler waren ja auch nicht zum Austausch über Geschichte gekommen, sondern um Hockey zu spielen. Aber im Hintergrund wurden sie mit dem konfrontiert, was ihre Großväter in den Niederlanden angerichtet hatten – von gestohlenen Fahrrädern über die Demontage von Industrieanlagen, geflutete Landstriche bis hin zur fast vollständigen Vernichtung der niederländischen Juden, die im 16. Jahrhundert vor der spanischen Inquisition hierher geflüchtet waren.

Die Deutschen hatten es sich bekanntlich lange einfach gemacht und die Schuld auf »die Nazis« geschoben. Für die Niederländer waren es – ganz klar – lange pauschal »die Deutschen« gewesen. Die Aversionen der jungen niederländischen Altersgenossen und das Hakenkreuz, das sie an die Tafel gemalt hatten, trafen die deutschen Schüler unerwartet, weil sie keine Ahnung von niederländischer Geschichte hatten.

Wer von ihnen hatte denn schon in der Schule gelernt, dass die Luftwaffe im Mai 1940 Rotterdam bombardiert hatte, um den Widerstandsgeist der Niederländer zu brechen. Der Rotterdamer Stadtkommandant hatte bereits Verhandlungen über die Kapitulation aufgenommen. Der Luftangriff hinterließ 70 000 Obdachlose, 250 000 zerstörte Wohnungen und mehrere hundert Tote.

Und wer von ihnen wusste, dass die niederländische Armee mit Maschinenpistolen – auf Fahrräder montiert – gegen moderne Bomber vom Typ Heinkel HE 111 gekämpft hatte? David gegen Goliath, aber leider ohne eine Chance für David. Offenbar war das alles unbekannt in meinem Heimatland, eine Generation nach Kriegsende.

Das Mädchen mit dem roten Haar

Es war an der Zeit, sich ernsthaft mit der jüngeren Geschichte unserer unbekannten Nachbarn zu beschäftigen. Also dachten wir uns – ich war inzwischen an der Evangelischen Akademie Tutzing in der Nähe von München gelandet – eine Reise aus, die wir etwas sperrig »Politisch Radfahren« nannten und die trotz ihres hölzernen Titels genügend Teilnehmer fand. Die Reise sollte bewusst nicht nur Idylle bieten. Die Route führte quer durchs Land, mit dem Westwind im Rücken, vom Strand in Zandvoort nach Amsterdam, entlang der Grachten, im Wettrennen mit den Binnenschiffen bis in die Heidelandschaften oberhalb des Meeresspiegels. Es war spannend, aber manches war auch schwer zu verdauen.

Erste Etappe waren die Dünen an der Nordsee, dreißig Kilometer westlich von Amsterdam. Doch statt zum Bad in den Nordseewellen, bogen wir auf den letzten Metern rechts ab, an den Ort, wo die berühmteste niederländische Widerstandskämpferin kurz vor der Befreiung im Mai 1945 den Tod fand.

Ich bin – ich muss es gestehen – kein besonderer Freund von Hinrichtungsstätten und Mahnmalen. Aber wenn eine einzige Frau es schafft, unter hunderten von Männern auf dem Ehrenplatz des Widerstands zu liegen, dann möchte ich alles über sie erfahren.

Hannie Schaft ist die Symbolfigur des niederländischen Widerstandes. In den Achtzigerjahren war sie in aller Munde als das »Mädchen mit dem roten Haar«, wie sie von den deutschen Besatzern genannt worden war. Harry Mulisch hat ihre Geschichte in dem weltberühmten Roman »Das Attentat« verewigt. Der niederländische Filmemacher Paul Verhoeven drehte 1981 einen Spielfilm über sie mit Renée Soutendijk in der Hauptrolle. Der Film geht wenig schonend mit den eigenen Landsleuten um.

Hannie Schaft, die Lehrerstochter aus dem linken Elternhaus, schließt sich dem militanten kommunistischen Widerstand an, weil sie nicht fassen kann, wie lau ihre Landsleute sind und wie wenig sie für den Schutz der jüdischen Niederländer tun. Sie selbst muss ziemlich kaltblütig gewesen sein. Als sie vor ihrem Exekutionskommando stand und der erste Schuss sie nur am Kopf streifte, soll sie gesagt haben: »Pah – ich kann besser schießen.«

Hannie Schaft war von Haus aus keine Kommunistin, aber sie schloss sich dem kommunistischen Widerstand an, weil der am entschiedensten auftrat und die meisten Mitglieder hatte.

Hannie gehörte zu einer Zelle von drei jungen Frauen, die

enge Freundinnen wurden. Zusammen mit Truus Menger und deren Schwester hat Hannie Schaft deutsche Frachtzüge und Munitionsdepots in die Luft gejagt, Zeitungen verteilt, und sie hat zwei jüdische Mitstudentinnen in der elterlichen Wohnung in Haarlem aufgenommen. Das Jurastudium hängte sie nach dem ersten Examen an den Nagel, als die Besatzer eine Loyalitätserklärung von allen Studenten einforderten. Sie war in ihrer Weigerung in allerbester Gesellschaft: achtzig Prozent der Studenten verweigerten sich.

Hannie Schaft wurde am 21. März 1945 verhaftet. In ihrer Tasche fand man einen Revolver und einige Exemplare illegaler Zeitungen.

Das »Mädchen mit dem roten Haar« hatte sich die Haare schwarz gefärbt und die Augen hinter einer Brille aus Fensterglas versteckt. Doch in der Zelle kamen die Vernehmungsoffiziere schnell dahinter, wer ihnen da ins Netz gegangen war. Eine Symbolfigur des Widerstands, eine tapfere Frau, die akzentfrei Deutsch sprach, furchtlos und wortgewaltig, mutig und militant.

Ihre Freunde vermuteten, man habe sie in Amsterdam im Gefängnis an der Weteringschans eingesperrt. Ihre Freundin Truus – verkleidet in der Uniform einer deutschen Sanitäterin – versuchte, sie aus der Haft herauszubekommen. Hannie Schaft müsse zur ärztlichen Untersuchung. Doch alles Bitten und Klagen – Truus zog sämtliche Register – halfen nichts. Es war leider die falsche Adresse, und Truus kam auch zu spät. Hannie Schaft war bereits tot.

Aber Truus Menger hatte den Krieg überlebt. Nun lud sie uns junge Deutsche 1987 zu sich nach Hause ein. Truus Menger, damals Mitte sechzig, empfing uns in ihrem Haus im mittelalterlichen Enkhuizen am IJsselmeer. Sie war – so schreibt Ingrid Strobl, die sich mit der Geschichte des Widerstands von Frauen gegen den Faschismus auskennt – die Wortführerin in der kleinen Widerstandszelle, der außer Hannie Schaft noch Truus' jüngere Schwester angehörte. Drei junge Frauen, Anfang zwanzig, immerzu unterwegs, mit wechselnden Wohnorten, Pistolen in der Handtasche und einer Liste von politischen Gegnern, die sie liquidieren sollten.

Schwer zu glauben, wenn man Truus dann persönlich erlebte – eine Bildhauerin von Rang und, so versicherte sie uns gleich, mittlerweile Pazifistin –, wie sie da zwischen den eigenen Werken im Vorgarten stand und ihre Blumen goss.

»Kom binnen«, sagte sie und lachte.

Mit zwanzig Personen saßen wir in ihrem Wohnzimmer. Truus hatte eine niederländische »koffietafel« gedeckt. Es gab Honigkuchen und »broodjes« mit Käse, und die Gastgeberin schaffte immer neue Kannen Tee und Kaffee herbei und steuerte dabei souverän durch das Gedränge, das entsteht, wenn man auf einmal so viele Menschen zu Gast hat.

»Neem eerst maar een kopje koffie.« Truus Menger, mit schlohweißem Haar, einen Enkel auf dem Arm, nahm an der Stirnseite Platz.

Wir waren alle befangen. Hier vor uns saß eine Frau, die das Trauma der Besatzung fünf Jahre am eigenen Leib erfahren hatte. Sie hatte nicht schweigend zugesehen, sondern ihrerseits nicht lange gefackelt. Zwei politische Morde gingen auf ihr Konto; mindestens. Hannie Schaft hat angeblich fünf Tote auf dem Gewissen. Es hätten bei beiden auch noch mehr werden können. Bei einem dritten Auftrag des »Raad van Verzet«, des Widerstandsrates, war eine andere Gruppe ihr und Hannie Schaft zuvorgekommen.

Am 1. März 1945 erschossen Hannie Schaft und Truus (die damals noch ihren Mädchennamen Oversteegen trug) den Polizeibeamten und NSB-Mitglied Willem Zirkzee. Der NSB war der Ableger der Nazi-Partei in den Niederlanden. Das Attentat fand in Haarlem an der Leidsevaart statt. Zwei Wochen später töteten sie Ko Langendijk, einen bekannten Frisörmeister aus Ijmuiden. Er hatte für den SD, den Sicherheitsdienst der Besatzer, gearbeitet.

Hannie Schaft tötete auch einen stadtbekannten Nazi, den Haarlemer Bäckermeister Pieter Faber. Einer seiner beiden Söhne flüchtete später nach Deutschland und sollte die Justiz beider Länder jahrzehntelang beschäftigen.

Die Brüder Piet und Klaas Carel waren freiwillig zur SS gegangen und dienten in der Leibwache von Anton Mussert, dem NSB-Führer. Kurz nach dem gewaltsamen Tod ihres Vaters wurden sie zum deutschen SD (Sicherheitsdienst) abkommandiert, einer berüchtigten Einheit, in deren Hauptquartier, dem »Scholtenhuis« in Groningen, hunderte Gefangene gefoltert wurden. Im Volksmund wurde es der »Vorhof der Hölle« genannt. Die Gebrüder Faber waren zudem Mitglieder der »Aktion Silbertanne«, einer geheimen Truppe der

SS, die für jeden getöteten Kollaborateur drei Niederländer umbrachte.

Diese Truppe bestand aus niederländischen Freiwilligen der Waffen-SS. Einige von ihnen hatten schon an der Ostfront gekämpft. Sie tauchten tagsüber bei ihren Opfern auf und nutzen die Arg- und Wehrlosigkeit der überraschten und unbewaffneten Männer aus.

Die Brüder Faber waren an mehreren Exekutionen beteiligt. Am 19. September 1944 wurden in einem Wald nahe der deutschen Grenze bei Odoorn fünf Männer durch Kopfschüsse hingerichtet, am 28. Oktober 1944 sechs Gefangene im Konzentrationslager Westerbork, im April 1945 elf Männer in der Nähe der Ortschaft Norg. Nur im Fall Westerbork hat Klaas Carel Faber zugegeben, selbst geschossen zu haben.

Dafür wurden sie 1948 zum Tode verurteilt. Der ältere Bruder Piet deckte den jüngeren und nahm die Schuld für die meisten Morde auf sich. Piet Faber wurde hingerichtet, die Todesstrafe für Klaas Carel Faber wurde auf lebenslänglich herabgesetzt.

Deutschland schützt diese Leute

Wenn man verstehen will, warum die Niederländer den Deutschen auch Jahrzehnte nach dem Krieg nicht wirklich über den Weg trauten, ist die Geschichte von Faber junior erhellend. Klaas Carel Faber konnte aus niederländischer Haft

1952 nach Deutschland fliehen und wurde trotz jahrzehnte-langer Bemühungen der Niederländer weder in Deutschland bestraft noch ausgeliefert. Die Flucht gelang ihm mit sechs anderen Häftlingen aus dem Gefängnis von Breda, während der Vorführung des Heinz-Rühmann-Films »Der Himmel kann warten« am zweiten Weihnachtsfeiertag.

Der Weg über die Grenze war ein Kinderspiel. Ein deut-sches Gericht verurteilte sie zu zehn Mark Strafe wegen ille-galen Grenzübertritts. »Alles alte Kameraden,« sagte einer der geflohenen SS-Männer später dem Magazin *Stern* über die Grenzbeamten. Der deutsche Gerichtsdiener schenkte jedem der Ausbrecher zwanzig Mark, zehn für das Bußgeld und zehn für die Reise.

Zwei Tage später verlangten die Niederlande die Rück-führung der Kriegsverbrecher. Vergebens, denn Faber profi-tierte von einem Erlass Adolf Hitlers, der bestimmt hatte, dass »deutschstämmige Ausländer«, die in die deutsche Wehr-macht, die Waffen-SS oder die deutsche Polizei aufgenom-men worden waren, die deutsche Staatsangehörigkeit erhiel-ten. Und Deutschland lieferte Deutsche nicht aus. An diesen Erlass von 1943 fühlte sich die deutsche Justiz auch nach dem Krieg gebunden.

Ein Gericht in Köln stellte 1957 die Ermittlungen ein. Es fehlten angeblich Beweise, dass die Erschießungen »rechts-widrig« gewesen waren. Außerdem gab es ein Tauziehen zwi-schen den Gerichten. Die Niederländer wollten Faber daheim vor Gericht stellen, die deutschen Richter klagten, dass sie keine Unterlagen aus den Niederlanden zu Gesicht bekamen.

Klaas Carel Faber fand Arbeit in Ingolstadt bei der Auto

Union, dem späteren Audi. Die bayerische Justiz stellte sich gegen eine mögliche Auslieferung.

Als Klaas Carel 2012 starb, hatte er sechzig Jahre lang fast unbehelligt in Deutschland gelebt – geschützt durch einen Führererlass, den sich der Bundesgerichtshof zu eigen gemacht hatte. Im Jahr 2010 hatte sich die liberale Bundesjustizministerin Sabine Leutheusser-Schnarrenberger dafür eingesetzt, dass dem früheren SS-Mann der Prozess gemacht würde, und die bayerische Justiz wurde endlich aktiv. Faber wurde in Ingolstadt vor Gericht geladen, aber das Ganze verlief im Sande.

Das Dilemma des Widerstands

»Schweigen und handeln«, das habe sie von ihrer Mutter gelernt, sagte Truus Menger damals, als wir in ihrem Wohnzimmer saßen. Sie war sichtbar verlegen, als sie uns von ihrem Handeln im Widerstand erzählte. Sie brüstete sich nicht damit. Sie berichtete, wie Züge in die Luft flogen und wie man mit Verrätern und Kollaborateuren umging. Die entscheidende Frage, wie sie es mit ihrem Gewissen vereinbaren konnte, Menschen zu töten, beantwortete sie dem *NRC Handelsblad* ein paar Jahre später.

»Wir haben nicht einfach Leute umgelegt. Dass jemand Mitglied beim NSB (Nationaal-Socialistische Beweging in Nederland) war, darum ging es uns nicht. Die Menschen, die wir liquidiert haben, haben Juden verraten und nach Leuten gesucht, die untergetaucht waren. Sie mussten gestoppt werden, um Schlimmeres zu verhindern.«

Truus Menger stammt, im Gegensatz zu Hannie, aus einer kommunistischen Familie. Nach der Machtergreifung in Deutschland kamen bald die ersten Flüchtlinge in ihre Familie und brachten ihre Geschichten von Erniedrigungen und massenhaften Morden mit.

»Wir machten uns keine Illusionen darüber, was die Nazis im Schilde führten,« sagte Truus. Sie schloss sich 1941 dem bewaffneten Widerstand an, zusammen mit ihrer jüngeren Schwester Freddy. Beide lernten, mit der Waffe umzugehen, zunächst auf dem Schießstand. Doch bald wurde es ernst. Freddy sollte zusammen mit dem Anführer ihrer Untergruppe einen Gegner umlegen. »Das hat sie enorm aufgewühlt. Jemanden niederschießen? Das haben wir doch noch nie gemacht.«

Die zwei Schwestern stützten einander. Im Zeitungsinterview erklärte sie: »Wir haben zusammen viele Tränen vergossen. Wenn man jung ist, will man tanzen, sich verlieben, einen festen Freund haben. Darauf mussten wir verzichten. Wir wollten doch unsere Pflicht tun.«

»Aber es gab auch Grenzen«, erzählte sie uns, während sie ihrem Enkel, der unruhig auf ihrem Schoß saß, einen Keks in den Mund schob. »Mit Kindern macht man keine Politik.« Der Kommandant der Widerstandsgruppe hatte sie beauftragt, die Kinder von Arthur Seyß-Inquart, dem Reichsstatthalter für die Niederlande, zu entführen. Sie hatte sich geweigert. Das allerdings war lebensgefährlich. So waren die Regeln im Widerstand. Auf Befehlsverweigerung stand die Todesstrafe.

Nach zwei Stunden kletterten wir wieder auf unsere Räder. Truus Menger wirkte erschöpft. Aber sie winkte uns lange hinterher. Viele Deutsche hatte sie seit 1945 noch nicht bei sich zu Hause gehabt.

Truus Menger stand nicht allein. Fünfundzwanzigtausend Männer und Frauen gingen wie sie in den Untergrund und leisteten Widerstand. Hunderttausende hielten den Widerstandskämpfern den Rücken frei und versorgten sie mit Verstecken, gestohlenen Essensgutscheinen und gefälschten Pässen. Gegen Ende der Besatzung waren etwa eine halbe Million Niederländer untergetaucht, darunter 25 000 Juden.

Wie ein kleines Land groß sein kann

Einmal im Jahr, Ende Februar, öffnete sich die Seitentür der Mozes en Aäronkerk in Amsterdam. Ernst blickende Menschen in feierlicher Kleidung trugen große Kränze, die in der Kirche zwischengelagert waren, quer über die Straße zum Denkmal des »Dokwerker«. Manchmal packten wir Freiwilligen mit an. Einer der Kränze fiel mir sofort ins Auge. Den hatte ich hier nicht erwartet. Die Schleife trug die Farben der DDR: Schwarz-Rot-Gold mit Hammer und Sichel.

Das andere Deutschland schickte Jahr um Jahr einen Kranz und ehrte so den Widerstand der kleinen Leute. Ein Kranz aus Westdeutschland wäre auch nicht verkehrt gewesen, dachte ich schon damals. Denn tatsächlich hatte die Amsterdamer Bevölkerung 1941 einen Generalstreik gegen die Deportation ihrer jüdischen Mitbürger zustande gebracht, einen Streik, der weltweit ohne Beispiel ist. Die Initiatoren waren städtische Straßenbahnfahrer und Hafenarbeiter gewesen. Ihr Beispiel lebt weiter in den Geschichten ihrer Kinder und Enkel.

»Wir sind ein kleines Land. Jeder kennt jeden. Wer Menschen bei sich aufnimmt, riskiert den eigenen Tod.« Tinie IJsberg sagt diese Sätze klar und schnörkellos. Sie will nichts beschönigen, so aufrecht, wie sie da sitzt am Kamin ihres kleinen Grachtenhauses. Sie trägt dicke Socken, ihre Füße ruhen auf Eichenbohlen von anno 1650, draußen weht ein kalter Wind. Ihre Tochter Marjan de Boo, Juristin bei der Stadt Amsterdam, hat mich zu ihr gebracht.

Die beiden verstehen sich bestens, hat mir Rob versichert. Mein Freund Rob und Marjan spielen seit Ewigkeiten zusammen in einem Quintett. So bekam ich Zugang zu den IJsbergs.

Vielleicht würde es nötig sein, dass Marjan dabei ist, wenn es um das heikle Thema geht: um ihren Großvater Joop IJsberg, der so schmerzlich vermisst wurde, und das lange Schweigen.

Das Wohnzimmer ist ein langer schmaler Raum, hell an den Fenstern und immer ein bisschen dunkel in der Mitte, selbst am Tag. So sind die Grachtenhäuser gebaut: sechs Meter breit und zwanzig Meter tief. Als das Haus im 17. Jahrhundert am Ende der Keizersgracht errichtet wurde, wohnten hier Kaufleute. Jeder Meter am Wasser kostete Abgaben. Alle wollten am Wasser sein – zum Laden der Stoffballen und Gewürze, der Heringsfässer und der Teppiche.

Unten im Souterrain ist noch einmal so eine kleine Etage. Da sitzt Tinies Mann. Es gibt einen Treppenlift; die beiden sind nicht mehr die Jüngsten, aber sie sind nicht kleinzukriegen. Ein starker Glaube hält sie wach, auch wenn es nicht mehr viele gibt, die ihn teilen. Tinies Mann, Jan de Boo, war jahrzehntelang Journalist. Er schrieb für die Parteipresse, für die kommunistische Zeitung *De Waarheid*.

Tinie, Marjan und Jan sind handfeste Leute, wir halten uns nicht lange mit Vorreden auf. Wir trinken unseren Kaffee und tauchen dann schnell ab ins Jahr 1941.

Ein Denkzettel für die Besatzer

Tinie IJsberg, eine Frau mit festen weißen, schulterlangen Haaren, die gerne lila Umhänge aus Wolle trägt und eine Baskenmütze, ist Expertin für Mut und Risiko. Wenn die Niederlande jährlich am 4. Mai an die Besatzungszeit erinnern und das Land abends für zwei Minuten stillsteht, ist für sie in der Nieuwe Kerk ein Platz reserviert, dort, wo auch weiter vorne König und Königin sitzen.

Sie gehört dazu, weil ihr Vater die Ehre der Niederlande gerettet hatte. Ihr Vater war ein einfacher Straßenbahnschaffner gewesen – und ein sehr mutiger Mann.

Vor allem mit Streiks kannte er sich aus.

Niederländer wären nicht Niederländer, wenn sie nicht Wege gefunden hätten, die Besatzer zu provozieren und ihnen zweifelsfrei vor Augen zu führen, dass die germanischen Brüder höchst unwillkommen waren. Es waren die Amsterdamer mit ihrem Ruf, ständig zu diskutieren und auf Autoritäten zu pfeifen, die der Weltgeschichte ein ganz besonderes Beispiel von Altruismus und der Widerstandskraft der sogenannten kleinen Leute lieferten. Und es war Königin Wilhelmina der Niederlande, die heimgekehrt aus dem Londoner Exil 1946 diesen Volksaufstand würdigte und Amsterdam drei besondere Eigenschaften zuschrieb, die seitdem auch das Wappen zieren: Heldhaftig – Vastberaden – Barmhartig« – übersetzt heißt das: »mutig – barmherzig – entschlossen«.

»Wir haben hier in Amsterdam keine Unterschiede gemacht. Es war klar, dass die jüdischen Menschen dazugehören.«

Tiny IJsberg wohnt um die Ecke vom Jonas Daniël Meijer-plein, benannt nach dem ersten jüdischen Rechtsanwalt der Niederlande, direkt neben der portugiesischen Synagoge. Als die sephardischen Juden auf der Flucht vor der katholischen Inquisition in alle Himmelsrichtungen flohen, kamen sie auch nach Westeuropa. Dort fanden sie Unterschlupf vor allem in den Hafenstädten, in denen man ihre weltweiten Kontakte und ihre handwerklichen Fähigkeiten schätzte. Besonders Amsterdam, Antwerpen und Hamburg öffneten ihre Tore. In Amsterdam wohnten 1940 ungefähr siebzigtausend Juden. Sie waren zu Hause in allen Vierteln und in allen Schichten, als vornehme Patrizier, Diamentenschleifer, Industriearbeiter, Verkäufer, Anwälte, aber auch als Tagelöhner.

Generalstreik für die Juden

Tinie und ihr Mann sind keine Juden. Doch sie waren schon immer Humanisten, und wenn sie an etwas glaubten, dann an eine gerechte Welt. Der Widerstand ging vor allem von strenggläubigen Calvinisten, Sozialisten, Juden, Freimaurern und Homosexuellen aus – und eben von überzeugten Kommunisten wie den IJsbergs.

Das Haus der IJsbergs diente damals als Gewerkschaftsbüro, in dessen Hinterzimmer die Mutter von Tinie IJsberg Briefe tippte und frankierte.

»Unsere Gewerkschaft war 1941 noch nicht verboten, wir

konnten immerhin streiken«, sagt Tiny IJsberg. »In Sachen Streik kannten sich unsere Leute aus. Streik, das ist, was Arbeiter machen, um etwas zu erreichen. Sie streikten für mehr Lohn, aber auch gegen den ›Arbeitsdienst‹ in Deutschland.«

Diesmal ging es jedoch um mehr.

Zur Vorgeschichte des einzigen europäischen Generalstreiks gegen die Deportation der Juden gehört auch der zunehmende Terror. Die Schlägertrupps des NSB, des niederländischen Nazi-Ablegers, begannen damals, Ladenbesitzer rund um den Rembrandtplein unter Druck zu setzen und Schilder aufzuhängen mit der Aufschrift: »Für Juden verboten.«

Dann zog am 11. Februar 1941 der niederländische Nationalsozialist Hendrik Koot mit fünfundvierzig Gleichgesinnten durch das Judenviertel, um dort Menschen zusammenzuschlagen. Es kam zu einem Handgemenge mit einer jüdischen Gruppe, bei dem Eisenstangen und Totschläger zum Einsatz kamen. Nach dem Zusammenstoß, der nur wenige Minuten dauerte, blieb Koot tot liegen. Der NSB versuchte, aus ihm einen Märtyrer zu machen. Die Juden hätten ihn geschändet, ihm Nase und Ohren abgebissen, sein Körper sei von Wunden übersät, und der Mörder habe blutige Lippen gehabt. Im Polizeibericht findet sich davon nichts, aber das Schauermärchen war in der Welt.

Ein zweiter Vorfall spielte in einem Eissalon namens Koco, an der Van Woustraat, der weit und breit das leckerste Eis anbot und bei den Amsterdamern sehr beliebt war.

Benannt war er nach seinen beiden Besitzern Ernst Cahn und Alfred Kohn, zwei deutschen Juden, die in den Dreißigerjahren in die Niederlande geflüchtet waren. Nach der Besatzung bekamen die beiden unerwünschten Besuch von

NSB-Schlägern. Mit ein paar Stammkunden gründeten sie daraufhin eine Selbstverteidigungsgruppe, legten Waffen bereit und rüsteten sich mit einer Halbliterflasche Ammoniakgas aus.

Am 15. Februar wurden ihnen die Scheiben eingeschlagen. Vier Tage später kam die »Grüne Polizei« der Besatzer vorbei, und Kohn und Cahn versprühten die ätzende Flüssigkeit auf die Polizisten.

Beide wurden festgenommen. Der Laden wurde geräumt und die Kunden verhaftet. Ernst Cahn wurde zwei Wochen später hingerichtet, nachdem er sich geweigert hatte zu verraten, wer die Ammoniakflasche in seinem Laden installiert hatte. Sein Kompagnon Alfred Kohn wurde verschleppt und starb am Ende in Auschwitz.

Die deutschen Besatzer rächten den Tod des NSB-Mannes Hendrik Koot und die Gewalt aus dem Eissalon mit einer groß angelegten Razzia. An einem Sabbat ein paar Tage später trieben sie 427 Männer zwischen zwanzig und fünfunddreißig – allesamt Amsterdamer, allesamt Juden – auf dem Jonas Daniël Meijerplein zusammen. Sie wurden nach Mauthausen gebracht. Der Beginn der Deportation.

Die Kunde von den 427 willkürlich verhafteten Männern verbreitete sich in Windeseile in der ganzen Stadt. Die Nachricht rüttelte ein Volk auf, das sehr schnell zur Tagesordnung übergegangen war.

»Am Anfang hatten die Deutschen Rotterdam bombardiert«, sagt Tinie IJsberg nüchtern. »Allzu viel war danach nicht passiert. Die Königin ging ins Exil nach London, der Beamtenapparat machte weiter.«

Die Besatzer setzten einen Zivilisten als Regierungschef ein und folgten der Order, die Niederländer vergleichsweise sanft zu behandeln. »Sie sahen in den Niederlanden eher eine Art See-Provinz von Deutschland und die Niederländer als Germanen.«

Aber sie sollten sich täuschen.

Mit der Großrazzia vom Daniël Meijerplein war das Maß voll. Als der Straßenbahnschaffner Joop IJsberg davon erfuhr, so berichtet seine Tochter Tinie, setzte er sich auf sein Fahrrad und radelte quer durch den Grachtengürtel zum Noordermarkt.

Es war sechs Uhr abends und dunkel.

»Im Jordaan-Viertel wohnten viele unserer Genossen. Da war die Gefahr, verraten zu werden, nicht so groß«, erzählt Tinie.

Die zweihundertfünfzig Menschen, die sich auf dem Platz versammelt hatten, waren sich schnell einig.

»Sie standen dicht an dicht, es gab ein paar kurze Reden. Ein paar Flugblätter wurden verabredet, und dann radelten die zweihundertfünfzig Leute schnell in alle Stadtrichtungen davon, alle mit dem klaren Auftrag, am nächsten Tag in ihren Betrieben dafür zu sorgen, dass nicht gearbeitet wurde.«

Tinie weiß das alles aus den Erzählungen ihrer Mutter. Sie war damals erst zwei Jahre alt.

»Am Abend hat mein Vater dann gesagt: ›Morgen zieh ich meinen Anzug an, morgen wird nicht gearbeitet.‹«

Als Joop frühmorgens aus dem Haus ging, kletterte er in den PORT-Wagen, der die städtischen Straßenbahner zum Depot brachte. Wie angekündigt trug er keine Uniform. Tinie reicht mir einen Ordner mit Fotos. Ein kleines Porträtbild zeigt einen ernsten, ein bisschen streng aussehenden Mann. Sein Ziel war, dass keine Tram das Depot verlassen sollte. Neben dem Fahrrad war die Tram damals das einzige Verkehrsmittel. Einige Trams starteten zunächst, einer der Züge wurde umgekippt. Dann stand der Verkehr.

»De gewone mensen staakten« – »Die normalen Leute streikten«, sagt Tinie, und es liegt Stolz in ihrer Stimme.

Zehntausende Amsterdamer traten in den Ausstand. Alle Fabriken in Amsterdam-Noord waren im Streik, die Nähfabriken, auch die Fokker-Flugzeugwerke.

Bewirkt hatten das die Männer, die auf dem Noordermarkt zusammengekommen waren. Die meisten von ihnen waren Vertrauensleute der Gewerkschaft und viele von ihnen Mitglieder der Kommunistischen Partei. Aber es war kein kommunistischer Streik und nicht nur eine Angelegenheit der Männer. Es dauerte nicht lange, bis sich die Frauen dem Streik anschlossen, etwa die Verkäuferinnen des »De Bijenkorf«, des größten Warenhauses am Platze, die spontan auf die Straße liefen. »Das waren hauptsächlich jüdische Mädchen – die wussten, was los war.«

Der Streik weitete sich aus, die Nachricht darüber verbreitete sich wie ein Lauffeuer. Endlich war die Gelegenheit gekommen, den Besatzern zu zeigen, was man von ihnen hielt.

Tinie IJsberg nimmt mich mit ins Souterrain zu den zwei Kästen mit Briefen, die ihr Vater aus der Haft geschrieben hat. Dann zeigt sie mir eine dünne Rolle, das Telex der deutschen Militärs in Amsterdam an die Zentrale in Den Haag. Aus den Meldungen geht hervor, dass die Besatzer überrumpelt waren, konsterniert. Mit einem Ausstand quer durch die Gesellschaft hatten sie nicht gerechnet.

Danach hagelte es Abmahnungen, Strafbefehle, Bußgelder. Fünfhundert Menschen wurden verhaftet und ins Lloyd Hotel im Osthafen verschleppt. Die Stadt selbst musste eine empfindliche Geldstrafe bezahlen. Viele städtische Bedienstete wurden verwarnt.

Joop IJsberg gehörte erst einmal nicht zu den Verhafteten. Aber es konnte nur eine Frage der Zeit sein, bis ihn die Gestapo holen würde. Also überlegte er unterzutauchen.

»Aber wie soll ein Mann mit vier Kindern untertauchen?«, sagt seine Tochter.

Joop versuchte stattdessen, ein bisschen in Deckung zu gehen. Ein halbes Jahr später wurde er mitten in der Nacht abgeholt. Die Gestapo verhörte ihn. Bei ihm zu Hause fanden sie kommunistische Schriften. »Die hat mir ein Passagier in der Straßenbahn zugesteckt. Ich hätte sie gleich wegwerfen sollen«, versuchte er sich rauszureden. Sie glaubten ihm nicht.

Joop blieb in Haft. Seine Frau durfte ihm ein Mal in der Woche frische Wäsche bringen und die benutzte abholen. Sprechen durften sie nicht, aber zwischen den Hemden fanden sich Kassiber.

Alle fünfhundert Briefe sind erhalten geblieben. Joop bat die Kinder, besonders gut auf ihre Mutter aufzupassen. Tinie IJsberg war damals, wie gesagt, erst zwei Jahre alt. Sie erinnert sich daran, wie die Mutter sie zu sich ins Bett nahm und weinte, einfach nur weinte. Die Rollen waren vertauscht, das Kind tröstete die Mutter.

Die Gestapo kam danach noch einmal in die Wohnung. Auf dem Dachboden fanden sie einen Totschläger. Auf Holländisch heißt das »ploertendoder«.

Nach fünf Monaten wurde Joop IJsberg verurteilt. Für den Totschläger bekam er Zuchthaus, für die Teilnahme am Streik die Todesstrafe. Dabei war der Totschläger von seinem Vater. »Er hatte ihn nur als Relikt aufbewahrt«, sagt Tinie IJsberg, und da wird ihre Stimme dann doch ein bisschen leiser und sie hat kleine rote Flecken auf den Wangen.

Das Schicksal des Vaters war lange Zeit ein Tabu in der Familie. Auch die Briefe landeten erst vor etwa zwanzig Jahren bei Tinie IJsberg. Eine ältere Schwester hatte sie in ihrer Obhut gehabt, aber nicht gewagt, sie zu lesen. Als Tinie sie dann irgendwann zu lesen begann, wurde sie schwer krank, erzählt sie mir.

Der Streik in Amsterdam dauerte nur einen Tag. So lange wie geplant. Am nächsten Tag flackerte er auch in den kleineren Städten bis hin nach Utrecht auf. Aber das Signal war deutlich. Widerstand war möglich. Der Phantasie waren keine Grenzen gesetzt – und schon damals ging es auch um den Schutz sensibler Daten.

Der Anschlag auf das Bevölkerungsregister

An einem Samstagabend im März 1943 explodierten mehrere Bomben und setzten das Bevölkerungsregister von Amsterdam in Brand. Für die Besatzer war das ein schwerer Schlag. Mit den penibel geführten Akten hatten sie Juden und Homosexuelle, Widerständler und Freimauer kategorisiert und verfolgt. Die Akten waren genau geführt, es herrschte die gleiche Akkuratesse wie in deutschen Amtsstuben.

Als die Flammen loderten, kamen die Feuerwehrleute. Wer damals an der Brandstelle an der Plantage Kerklaan Nr. 36 vorbeikam, dem hätte auffallen können, dass sie keine besondere Eile an den Tag legten. Die Feuerwehrleute waren eingeweiht und löschten das Feuer schließlich so gründlich, dass viele der Akten unleserlich wurden. Das hofften sie zumindest.

1940 hatten die Besatzer eine Ausweispflicht eingeführt, 1941 einen Personalausweis für alle Niederländer über fünfzehn Jahren. Der Personalausweis enthielt Angaben wie Adresse, Geburtsdatum und Beruf, ein Foto und einen Fingerabdruck. Die Personalausweise für Juden waren mit einem großen »J« auf der Vorderseite gestempelt. Soweit man weiß, hatten die niederländischen Behörden das Bevölkerungsregister damals ohne großes Zögern den Besatzern überlassen.

Nach dem Anschlag legten Beamte die durchnässten Stammakten zum Trocknen in den großen Garten des Meldeamts an der Plantagelaan direkt beim Tiergarten »Artis«. So gelang es dann doch, etwa 85 Prozent der Akten wiederherzustellen. Sehr zum Verdruss der Widerstandskämpfer, die sich über das Duckmäusertum in den Amtsstuben aufregten.

Den acht Brandstiftern wurde der Prozess gemacht, und sie wurden erschossen. Einer der Anführer des Brandanschlags war Sjoerd Bakker, ein Herrenschneider, der sich und den anderen Aktivisten deutsche Polizeiuniformen geschneidert hatte, damit sie ungehindert ins Bevölkerungsregister eindringen konnten. Ein anderer war Willem Arondeus, ein Schriftsteller und Bildhauer, der mehr oder weniger offen homosexuell lebte und führend im Widerstand der Kunstszene wirkte.

In der Zelle bekam er Besuch von einer Freundin, der Anwältin Lau Mazirel. Er bat sie – seine Hinrichtung stand bevor –, der Nachwelt zu berichten, dass »Homos nicht weniger mutig sind als andere Menschen«. Auch Lau Mazirel war unter dem Verdacht verhaftet worden, den Anschlag mit organisiert zu haben. Doch sie war nach kurzer Zeit freigekommen, weil ihre persönliche Akte verschwunden war.

1981 richteten Freunde von Lau Mazirel ein Stiftung zu ihrem Gedenken ein. Seit 1981 arbeiten dort Freiwillige der Aktion Sühnezeichen. Einer davon war ich.

Die Royals ziehen ihren Hut

Amsterdam, 25. Februar 2016. Als die Glocken vom Turm der Mozes en Aäronkerk fünf Uhr schlagen, löst sich eine kleine Gruppe von Menschen aus der Menge, die sich auf dem Jonas Daniël Meijerplein gebildet hat, und zieht langsam zum

Denkmal des Februarstreiks. Tinie IJsberg ist gut zu erkennen an ihrem dichten schlohweißen Haar unter dem blauen Barett. Der stattliche blonde Herr mit dem kräftigen Gesicht einen Meter hinter ihr ist Willem-Alexander, der damit einer Familientradition folgt. Seine Urgroßmutter Wilhelmina, seine Großmutter Juliana und seine Mutter Beatrix haben es ihm vorgemacht: Die Monarchie erweist dem Volk die Ehre. König Willem-Alexander – staatsmännisch dunkel gekleidet, mit blauem Schlips – lässt den Angehörigen der Streikenden von 1941 den Vortritt, folgt eher der Prozession, als dass er sie anführt. So wie es auch der Geschichte entspricht. Das Königshaus war nach England emigriert – den Widerstand leisteten die Bürger.

Einer der wenigen noch lebenden Teilnehmer des Streiks ist Bertus van der Kuil, ein gelernter Zimmermann. Graue Haare, grader Gang, zweiundneunzig Jahre alt. Als die kleine Gruppe das Denkmal des »Dokwerker«, der überlebensgroßen Figur eines Hafenarbeiters mit riesigen Pranken, erreicht hat, beginnen König und Zimmermann ein Gespräch. Van der Kuil arbeitete bei den Fokker-Flugzeugwerken und montierte dort Flügel an Wasserflugzeuge. Was Bertus und Seine Majestät austauschen, trägt der Wind nicht herüber, aber sie scheinen sich zu verstehen.

Nach der Zeremonie ist Zeit für zwangsloses Beisammensein bei heißer »chocomel« und »koekjes«, und der König sitzt zwischen Tinie IJsberg und ihrem Ehmann an einem kleinen Holztisch im Freien, während ringsumher die Leute hin und her gehen und sich an den Kohlenbecken aufwärmen. Die paar Sicherheitsleute rund um Willem-Alexander dürften schon lange den Überblick verloren haben. Das ist einer jener Momente, in dem klar wird, warum beim Thron-wechsel 2013 von Beatrix zu ihrem Sohn ein ganzes Land mit-feierte.

»Er hat sich gut vorbereitet und viel gelesen«, sagt Tinies Ehemann nachher über den Gast am Tisch.

Es gibt keinen Applaus und kein Getuschel und keine Versuche von Selfies mit König. Allen ist wohl klar, dass es heute nicht um die Royals, sondern um das Beispiel geht, das Amsterdam 1941 der Welt gegeben hat – und das leider keine Nachahmer fand. Die Botschaft war einfach: Ein Ge-neralstreik für die jüdischen Mitbürger ist machbar. Aber es gibt auch eine bittere Note. Der Amsterdamer Bürgermeister Eberhard van der Laan erinnert daran, dass von 80 000 Ams-terdamer Juden nach 1945 nur 20 000 in ihre Stadt heimkehr-ten und der Empfang offenbar recht kühl war.

Offene Rechnungen

Die Überlebenden stießen nach dem Krieg auf wenig Inter-esse und Verständnis, auch seitens der Stadt. Es gibt eine na-tionale Institution, die in Fragen der geschichtlichen Wahr-heit das letzte Wort in den Niederlanden hat, das frühere Reichsinstitut für Kriegsdokumentation, das in einem schö-nen Patrizierhaus an der Herengracht in Amsterdam unter-gebracht ist. Heute heißt es NIOD, das Institut für Kriegs-, Holocaust- und Genozidstudien. In seiner Untersuchung

»Offene Rechnungen« stellt es fest, die Stadt habe »unnötig formell und kalt auf die Ansprüche jüdischer Amsterdamer auf Rückgabe ihrer Häuser reagiert«.

Wenn man diese Seite der Medaille auch kenne, sagt der Bürgermeister, dann könne man auch den Generalstreik als Heldentat feiern. Derart selbstkritische Töne waren hier nicht immer zu hören. Der Amsterdamer Bürgermeister bekennt sich – nicht mehr und nicht weniger – zur dunklen Seite der eigenen Geschichte und verzichtet darauf, seine Landsleute zu glorifizieren. Lange Jahre waren die Deutschen die Bösen gewesen und die Niederländer die Guten – und dieses Bild wurde an den Gedenktagen zur Besatzung und Befreiung immer wieder beschworen. Das Ritual folgte einer einfachen Dramaturgie: Je heller der Widerstand leuchtete, desto finsterer wirkten dagegen die deutschen Besatzer. So eine Art von Vergangenheitsschau stärkte natürlich das Selbstbewusstsein und den Zusammenhalt im eigenen Land, entsprach aber nicht ganz der historischen Wahrheit und machte die Aussöhnung mit den deutschen Nachbarn schwierig, gerade auch für Angehörige und Überlebende des einzigen großen Streiks gegen die Deportationen. Doch die Selbstkritik kommt an. Die dreitausend Menschen auf dem Jonas Daniël Meijerplein spenden dem Bürgermeister auch an dieser Stelle Beifall.

PS: Dem Straßenbahnfahrer Joop IJsberg hätte es sicher gefallen, dass zum 75. Jahrestag des Streiks alle Straßenbahnen, Busse und U-Bahnen seiner Heimatstadt Amsterdam eine Minute lang stillstanden.

Der ausgestreckte Zeigefinger

Es gab in den Niederlanden aber auch viele Mitläufer und nicht wenige Kollaborateure. Eine niederländische Literaturzeitschrift brachte es auf den Punkt: »Die Deutschen haben unter uns Helden geweckt und Kollaborateure.« Die Besatzer haben ein Land tief entzweit und mit Seiten konfrontiert, auf die sie gut hätten verzichten können. Verständlich, dass nicht alle daran erinnert werden wollten.

Es muss für viele Niederländer quälend gewesen sein, derart in der Zwickmühle zu sitzen und sich aus Angst vor Repressalien wegzuducken. Es war eben nicht jeder Opa im Widerstand gewesen, und nicht jede Familie hatte eine Anne Frank bei sich versteckt.

Die Niederländer waren nicht ganz so heldenhaft, wie viele es gerne gehabt hätten, konstatiert das »Duitsland instituut«.

Im Länderbericht Niederlande aus dem Jahr 2015 heißt es: »Die Überzeugung, dass ein Großteil der Niederländer im Zweiten Weltkrieg Widerstand gegen die Deutschen geleistet hatte, wurde immer weiter als Mythos entlarvt.«

Schon früh, lange vor der Besatzung, gab es in den Niederlanden den NSB, den niederländischen Ableger der NSDAP, mit hunderttausend Mitgliedern, ähnlich barbarisch, wenn auch nicht so besessen vom Rassenwahn wie das deutsche Original. Es gibt kaum ein Land in Europa, aus dem sich so viele Männer – etwa fünfundzwanzigtausend – freiwillig für die Waffen-SS gemeldet hatten. »In keinem anderen westeuropäischen Land waren außerdem prozentual so viele Juden umgekommen (75 Prozent, gegenüber 40 Prozent in Belgien und 25 Prozent in Frankreich), schreibt der führende niederländische Historiker Friso Wielenga.

Menschen wie Truus Menger, die selbst Widerstand geleistet und dabei ihr eigenes Leben und das von Familie und Freunden riskiert haben, zeigen nicht gern mit dem Zeigefinger auf andere. Sie verdammen weder pauschal die Deutschen, noch machen sie sich allzu viele Illusionen über die eigenen Landsleute. Sie sind lebendes Beispiel für Mut und Anstand. Und wissen, was für eine einsame Sache der Widerstand war. Für einen sensiblen Beobachter wie den Ex-Berlin-Korrespondenten Wouter Meijer ist die unversöhnliche Haltung gegenüber den Nachbarn vor allem eine Sache jener Generation, die in der Besatzungszeit noch nicht auf der Welt war. Wer von sich sicher sei, dass er damals bestimmt in den Widerstand gegangen wäre, der sei meistens auch antideutsch. Es ist das Wesen des Zeigefingers, dass er nach außen weist – und nicht nach innen.

So blieb vieles unter der Decke – und das gute Gewissen wuchs und wuchs. Bis es eines Tages zu groß wurde.

»Was halten denn die Deutschen von den Postkarten, die da säckeweise aus dem Nachbarland vors Bundeskanzleramt gekarrt werden?« Govert van Brakel, Moderator von »Met het oog op morgen«, der Mitternachtsendung des niederländischen Rundfunks, lässt nicht locker. Wir sind im Vorgespräch für seine Sendung zwei Stunden später und stecken die Themen ab. Ich in Hamburg als Redakteur bei den *Tagesthemen*, er in Hilversum beim Radio. Dabei werde ich die ganze Zeit das Gefühl nicht los, dass wir zwar als Kollegen professionell miteinander sprechen, er mir aber gleichzeitig auf den Zahn fühlt. Es ist 1993, und in Deutschland sind die Gespenster der Vergangenheit wieder unterwegs. Vier Skinheads haben in der westdeutschen Stadt Solingen das Wohnhaus einer türkischen Einwandererfamilie angesteckt. Das Ehepaar Mevlüde und Durmus Genç verliert zwei Töchter, zwei Enkelinnen und eine Nichte. Vierzehn Familienmitglieder überleben mit knapper Not. Am Sonntag, den 29. Mai 1993 um 1:42 Uhr war bei der Solinger Feuerwehr der Notruf eingegangen: »Alarm, Untere Wernerstraße 81, vielleicht ein Zimmerbrand. Der Zimmerbrand war aber kein Zimmerbrand, sondern ein mörderisches Inferno – das bis dahin größte ausländerfeindliche Verbrechen der Nachkriegszeit«, notierte die *Süddeutsche Zeitung*.

Nationale Trauer, Sondersendungen, Lichterketten. Allgemeines Entsetzen. Das Ausland schaut genau hin. Kurz zuvor hatte der Bundestag das Grundgesetz geändert und das Asylrecht in seiner alten Form abgeschafft. Helmut Kohl sprach von Staatsnotstand und meinte die Flüchtlingswelle aus dem zerfallenden Jugoslawien. Drei Tage später brannte es dann in Solingen. So als ob auch die Täter klarstellen wollten, dass es zu viele Ausländer in Deutschland gab.

Es gab 1993 mehr als dreihundert fremdenfeindliche Anschläge. Die Welle von Mord und Einschüchterung weckte üble Erinnerungen.

Nachhilfe für den Nachbarn

In dieser Situation beschlossen zwei Redakteure der populären niederländischen Radiosendung »Breakfast Club« (3FM), dem Nachbarland ein bisschen Nachhilfe zu erteilen. Sie forderten ihre – zumeist jungen – Hörer auf, eine vorgedruckte Postkarte an den Bundeskanzler zu schicken mit dem Text: »Ik ben woedend.« Auf Deutsch heißt das: »Ich bin wütend.«

»Wird das in Deutschland als Einmischung empfunden?«, will Govert van Brakel wissen. Ich drücke mich vor einer klaren Antwort, weil die Frage heikel ist. Die Aktion hat große Wucht, wie das so ist, wenn ein Popsender in die Politik geht. Keine Zwischentöne, klare Botschaft, nichts, was verwirren könnte. Doch für den Empfänger sind 1 300 000 Postkarten wütender Nachbarn natürlich eine gigantische Ohrfeige. Es gibt genügend Deutsche, die ähnlich fassungslos sind wie die Niederländer. Wir brauchen Mitgefühl, Solidarität, aber keine

Schulmeisterei. Doch das kommt mir nicht über die Lippen. Wenn in Deutschland so etwas passiert, sitzt das ganze Land auf der Anklagebank, weil wir es so weit haben kommen lassen, geht es mir durch den Kopf. Wenn man erst einmal derart in der Defensive ist, beginnt man mit Beteuerungen. »Deutsche sind auch wütend über die Brandanschläge von Solingen,« sage ich. »Sie sind traurig und ratlos.« Und im Hinterkopf denke ich: Wir sitzen im gleichen Boot. Immerhin hatte es doch auch in Amersfoort sechs Brandbomben auf eine Moschee gegeben. Und mit der »Centrumspartei« hat es auch in den Niederlanden eine offen fremdenfeindliche Partei ins Parlament geschafft.

Aber wenn eine Kampagne erst einmal läuft, ist für Zwischentöne kein Platz. Wochenlang trommelt das populäre Morgenprogramm für die Aktion. Andere Sender schließen sich an. Selbst die zweite Kammer des Parlaments erklärt in einem offenen Brief ihre Unterstützung. Ganze Schulklassen machen mit: Eine deutsche Einwanderin, so liest man, stört sich daran, dass ihr Schulkind eine Briefmarke von zu Hause mitbringen soll. Die Postkarte gibt es dann in der Schule. Das ist ihr dann doch zu viel. Sie ruft in der Schule an und sagt, so gehe das nicht. Das sei Gruppenzwang, und der erinnere sie an die DDR, in der sie aufgewachsen war.

Unmöglich, dieser Tage den Postkarten aus dem Weg zu gehen. Wer ein Bahnticket kauft, kann eine Postkarte vom Stapel neben dem Schalter mitnehmen. Überall in den Städten hängen hinter den Schaufensterscheiben Plakate mit demselben Text: »Ik ben woedend.« Wütend, weil in Solingen fünf unschuldige Frauen und Mädchen umgekommen sind.

Der Regisseur der Popwelle, Maarten Vermee, freute sich

über den guten Rücklauf: »Wir haben fünf Millionen Karten ausgelegt, auch in Postämtern, Kneipen.« Nein, es sei nicht das Ziel gewesen, die weitverbreiteten antideutschen Ressentiments zu bedienen. Wäre es in Frankreich oder in Belgien passiert, dann hätten sie sich genauso empört, fügt er hinzu. Aber hätte der »Breakfast Club« dann auch fünf Millionen Postkarten gedruckt?

Einer der Initiatoren, Peter van Bruggen, sagte 2013 zum 20. Jahrestag der »Ik ben woedend-Aktion«: »Wir haben die Aktion ins Leben gerufen, weil fünf Frauen in einem Haus umgekommen sind. Dass es sich um Deutschland handelte, spielte für uns keine Rolle, nicht einen Moment. In den Wochen danach sind wir immer gefragt worden nach dem angeblichen Anti-Deutschland-Charakter unserer Initiative. Die zweite Frage war dann meistens: Warum macht ihr nichts für Tibet. Und die dritte: Wollt ihr damit eurer Programm berühmt machen.«

Deutsche sind auch wütend

Von Anfang an gab es – neben der großen Zustimmung – Kritik an der Aktion. Die Zeitung *Trouw* kommentierte, es fehle der Hinweis darauf, dass auch Deutsche wütend waren über das, was da in Solingen passiert sei. Das Wörtchen »auch« habe auf der Postkarte gefehlt. Es wäre mal wieder ein typischer Fall von erhobenem Zeigefinger gewesen.

»Selten war es so preiswert, ein gutes Gewissen zu haben«, sagte der Literat Dik Linhout. Man solle sich Deutschland gegenüber nicht so aufspielen.

Interessanterweise fand die Aktion in den deutschen Medien keine große Aufmerksamkeit. Ulrich Wickert meinte in den *Tagesthemen* knapp: »Wut ist leider ein Gefühl, das blind macht.« Und zitierte dann eine Umfrage, deren Ergebnisse das niederländische »Clingendael Institute« im März 1993 veröffentlicht hatte. In der Umfrage ging es um das Bild, das niederländische Jugendliche von Deutschland und den Deutschen hatten. Es zeigte sich, dass 56 Prozent von ihnen sehr negativ über das Nachbarland und seine Einwohner dachten. Viel stärker als andere Europäer galten Deutsche in den Augen dieser niederländischen Jugendlichen als »arrogant« und »stolz auf ihr Land«. Mehr als andere Länder war Deutschland vielen dieser niederländischen Jugendlichen zufolge »kriegslüstern« und wolle »die Welt beherrschen«. Zugleich zeigte sich, dass es einen bestürzenden Mangel an Wissen über das Nachbarland gab.

Helmut Kohl nahm die Postkarten übrigens nicht selbst entgegen. Er ließ sich von seinem Kanzleramtsminister Friedrich Bohl vertreten. Bohl nannte die Aktion eine »moralische Unterstützung für die große Mehrheit der Deutschen«.

Man versteht die Wut der jungen Niederländer besser, wenn man sich Helmut Kohls Verhalten in dieser heiklen Situation vor Augen hält. Er fuhr nicht zum Tatort und nahm auch nicht an der Trauerfeier teil. Sein Regierungssprecher Dieter Vogel verwies auf die »weiß Gott anderen wichtigen Termine« des Kanzlers. Man wolle schließlich nicht »in Beileidstourismus ausbrechen«.

Danach konnte das Verhältnis eigentlich nur besser werden. Zur Ehrenrettung Kohls muss gesagt werden, dass er im Jahr darauf zweimal in die Niederlande reiste und dabei schnörkellos und glaubwürdig das Bombardement Rotterdams durch deutsche Flugzeuge verurteilte.

Dennoch: Die Verstimmung schadete sogar dem niederländischen Export, wie die Deutsch-Niederländische Handelskammer 1994 vorrechnete. Es kam in Deutschland zu Boykottaufrufen. Die niederländische Regierung beschloss, sich um das Deutschland-Bild ihrer Bürger zu kümmern. Man gründete das Duitsland-Instituut und siedelte es an der Universität Amsterdam an, das seitdem kontinuierlich über die Geschehnisse beim großen Nachbarn aufklärt. Seither gibt es auch ein Austauschprogramm, das jungen Journalisten ermöglicht, für ein paar Monate ins Nachbarland zu gehen und dort in Redaktionen mitzuarbeiten.

Die Lehrbücher und Lehrpläne wurden überarbeitet. Die Geschichtsschreibung endete jetzt nicht mehr beim Dritten Reich, sondern reichte bis in die Aufbaujahre und zur Wiedervereinigung. Es sollte allerdings noch bis 1999 dauern, bis ein Thema wie »Deutschland nach 1945« zur Abschlussprüfung in Geschichte zugelassen wurde.

Deutschlands unerwartete Beliebtheit

Deutschland ist seither auf eine Weise populär geworden, die noch vor zwanzig Jahren völlig undenkbar war. Seit 2006 sind die Deutschen sogar die beliebtesten Nachbarn der Niederländer.

Nun könnte man spotten und sagen: kein Kunststück, bei der Auswahl, denn die Niederlande haben nur zwei Nachbarn. Die anderen sind die Belgier. Und im Westen ist das Meer.

Nachbarn kann man sich nicht aussuchen – Urlaubsziele aber schon. Deutschland ist inzwischen auch Reiseziel Nummer eins der Niederländer und hat Frankreich somit auf Platz zwei verwiesen. Und diese neue Sympathie geht noch weiter. Es kommt vor, dass niederländische Sportkommentatoren deutsche Mannschaften loben – wenn die beiden Länder nicht gerade gegeneinander spielen. Als Deutschland 2014 Weltmeister wurde, jubelten die Niederländer.

Um zu erklären, wie plötzlich das Eis gebrochen ist, muss man wohl ein Bild aus der Natur bemühen.

Es ist wie auf den Seen im Frühjahr. An den Rändern taut es, aber die Oberfläche ist bedeckt von einer kompakten Eisscholle. Dann, von einem Tag auf den anderen, ist das Eis verschwunden, es hat sich aufgelöst.

Und alle sind überrascht über das plötzliche Tauwetter.

Plötzlich ist alles anders. Auch die Experten sind überrascht.

Der niederländische Erfolgsautor Leon de Winter bringt es auf einen einfachen Nenner.

»Die Deutschen sind in den Augen der Niederländer ein sehr einnehmendes Volk geworden, uns sehr nah«, sagt Leon de Winter bei einer Lesung in Leipzig, eine große kräftige Gestalt mit verschmitzten dunkelbraunen Augen hinter der Brille. Die Länder hofieren sich gegenseitig. Die Niederlande sind 2016 gemeinsam mit Flandern Gastland auf der Frankfurter Buchmesse – umgekehrt widmen die Niederländer ihre Bücherwoche dem Nachbarland. Leon de Winter sagt:

»Sie sind sehr sensibel, und sie haben ein unglaubliches Bewusstsein für ihren Platz in der Welt und die Geschichte.«

Was Leon de Winter sagt, zählt doppelt, denn er sagt es als Niederländer und als Jude. 1954 im Osten der Niederlande geboren, stammt er aus einer Familie armer orthodoxer Juden. Seine Eltern überlebten als Einzige aus der Familie den Holocaust.

Seit dem Tiefstand der Beziehungen nach den Morden von Solingen 1993 haben sich beide Länder viel Mühe gegeben, ihr Verhältnis neu zu erfinden: durch Begegnungen, Austausch, faire Berichterstattung und hunderttausende von Partnerschaften über die Grenzen hinweg.

Letzteres ging offenbar doch recht leicht. Der Amsterdamer Literat und Deutschlehrer Dik Linthout – selbst verheiratet mit der Deutschen Gila – bezeichnet die Grenze zwischen beiden Ländern als »eine der erotischsten Grenzen Europas«.

Nirgendwo sonst würden Nachbarn so viel flirten, zusammenziehen und heiraten. Es zieht vor allem deutsche Frauen in die Niederlande.

Was macht die niederländischen Männer für sie so attraktiv, was haben sie, was deutsche Männer nicht haben?

Linthout meint, die Niederlande hätten eine eher feminine Kultur. Es gebe dort einfach weniger Paschas und mehr Männer, die freiwillig den Geschirrspüler ausräumten und es ertragen könnten, wenn ihre Frauen im Vordergrund stünden.

Ich verkneife mir an dieser Stelle die Frage, warum niederländische Männer sich so gerne deutsche Frauen suchen.

Wandel durch Annäherung

Ein besseres Verhältnis kommt nicht von selbst. Es gibt Leute, die sich die Aussöhnung zur Lebensaufgabe gemacht haben, auch wenn sie solch große Worte wohl selbst nicht in den Mund nehmen würden.

Bei der Suche nach den »Architekten der Zusammenarbeit« lande ich in einem schlichten Universitätsgebäude im östlichen Hafengebiet, dem Sitz des »Duitsland-Instituut Amsterdam«. Wenn der Direktor Ton Nijhuis das Fenster öffnet, kann er die Möwen vom östlichen Amsterdamer Stadthafen hören.

Gegründet wurde das Instituut 1996, um den großen Nachbarn aus niederländischer Perspektive zu betrachten und um Lehrer, Schüler und die Öffentlichkeit über Deutschland aufzuklären.

Der Historiker Nijhuis beobachtet die ungleichen Nachbarn seit Jahrzehnten. Dabei ist ihm aufgefallen, dass bis 1995 die Antipathien größer wurden statt kleiner. Das fand er merkwürdig. Die Nachkriegsgeneration war kritischer gegenüber den Deutschen als jene, die den Krieg selbst miterlebt hatten.

»Sie hatten keine eigene Erfahrung mit der Besatzung, aber jede Menge antideutscher Gefühle«, sagt der überlegte, freundliche Niederländer von Mitte fünfzig, der eine Stunde lang einwandfreies Deutsch sprechen kann, ohne dabei zu ermüden. Ton Nijhuis ist ein Wanderer zwischen den Welten. Und er arbeitet unermüdlich. Seine Regale bersten von Büchern, und unter dem Tisch stapeln sich die Papiere.

Er spricht von Groß und Klein, und dass bestimmte Unterschiede immer bleiben würden, auch und gerade zwischen den nächsten Nachbarn. Abgrenzung gehöre nun mal zur Identität – und zur niederländischen Identität gehöre das Bewusstsein einer besonderen Rolle in der Welt.

»Wenn wir schon kleiner sind, dann wollen wir wenigstens moralisch überlegen sein – ›Wenn alle Welt so wäre wie die Niederlande, dann wäre sie besser‹.« Das sei der Ausgang allen Denkens gewesen, und der sichtbare Ausdruck dafür war der erhobene Zeigefinger.

Doch irgendwann, so macht Ton Nijhuis im Gespräch klar, taugte Deutschland nicht mehr als warnendes Beispiel. Deutschland war eine Demokratie geworden. Zwei, drei Generationen der Nachbarn waren schon als echte Demokraten aufgewachsen. Das Land hatte mit Anstand die Wiedervereinigung geschafft und sich besser gegen Fremdenfeinde gestellt und länger die Grenzen offen gehalten als fast alle Nachbarn.

»Deutschland ist eines der wenigen Länder, das nicht so stark infiziert ist vom rechten Populismus«, sagt Nijhuis. Und dann sagt er noch ein Wort, das sich aus einem niederländischen Mund besonders schön anhört. Es ist das Wort »anständig«.

Es gab verschiedene Phasen in der Beziehung: Mal reisten die Deutschen in die Niederlande, um gute Ideen zu übernehmen.

Bundeskanzler Schröder ließ sich 1999 etwa vom niederländischen Konsensmodell zum »Bündnis für Arbeit« inspirieren. Dann wieder schauten die Niederländer bewundernd nach Deutschland, als die Bundesrepublik aus der Finanz- und Wirtschaftskrise 2008 als Gewinner hervorging – dank starker Industrie und guter beruflicher Bildung. 2004 gab es den tiefsten Einschnitt, wie Nijhuis betont: »Für Deutschland ist Europa eine Herzenssache. Für uns andere ist das nicht so. Wir sind am gemeinsamen Markt interessiert. Als 2004 die EU um zehn Länder größer wurde, um Staaten wie Malta oder Lettland, fremdelten viele Niederländer mit diesen Neuzugängen. Plötzlich rückte Deutschland näher. Es war uns ähnlich, gehörte praktisch zur Familie, war nicht mehr fremd.«

Wenn Veränderungen in der Sprache auf Veränderungen in der Gesellschaft hindeuten, dann sind die Niederlande gerade dabei, deutsch(er) zu werden. Vor noch nicht allzu langer Zeit galten Germanismen als unerwünschte Fremdwörter. Doch inzwischen sind sie so salonfähig im Niederländischen wie das Wort »salonfähig« selbst. Es gibt auf einmal »Oktoberfeste«, »Weizenbier«, und die »Energiewende« ist in aller Munde. Restaurants werben mit »Berliner Flair«, und an der Prinsengracht kann man »Curry-Wurst« essen. Im Café Blauwbrug an der Amstel wird »Glühwein« für drei Euro angeboten – und auf der Schiefertafel sogar richtig buchstabiert. Manche deutschen Vokabeln vermählen sich mit englischen Worten und führen dann ein Eigenleben. Eine Ministerin räumte neulich im Interview ein, sie sei eine »Überbitch«.

Deutschland ist hip

Sietse van der Hoek ist ein Schriftsteller, der sich auf die Reise durch sein eigenes Land gemacht hat, um herauszufinden, wieso sich der Wind gedreht hat. Sietse, Jahrgang 1943, stammt von einem Bauernhof in der Nähe von Groningen und hat sich den staunenden Blick des Menschen aus der Provinz auf die große Welt bewahrt. Zwanzig Jahre war er Zeitungsjournalist, und davon hat er zwei im Berlin der Wendezeit verbracht.

Sietse trägt einen beigefarbenen Anzug ohne Kragen, ein bisschen eleganter Mao-Look, ist ein kluger, freundlicher Kopf, und mit einer Portion Bosheit ausgestattet. Sein Thema ist die schleichende Germanisierung der Niederlande, und dieses Thema hat ihm einen ausverkauften Abend im Amsterdamer Goethe-Institut beschert. Vorher treffen wir uns um die Ecke bei Wein und Fisch.

Gleich zwölf niederländische Bücher beschäftigen sich in letzter Zeit mit Deutschlands neuer Popularität, als ob die Verfasser es gar nicht fassen könnten. Das Besondere an Sietses Buch »Alles klar. Nederland – Duitsland von A bis Z« ist, dass es den Blick nach innen – auf die eigenen Landsleute – richtet.

Vor zwanzig Jahren war es noch durchaus üblich, einen deutschen Touristen, der nach dem Weg fragte, in die falsche Richtung zu schicken, und ein Deutschlehrer brauchte Zivilcourage, so unpopulär war das Fach an den Schulen. Aber nicht immer war alles so schwarz-weiß. Es gab auch Grauzonen. Was macht man, wenn der Feind und Besatzer zehn Jahre nach dem Krieg als Tourist mit dicker Brieftasche wiederkommt? Ihm die Tür weisen? Oder in distanzierter Freundlichkeit das Geld annehmen, den Kontakt jedoch klein halten?

»In dieser Ambivalenz lebten viele Niederländer jahrzehntelang«, sagt Sietse und berichtet von zwei alten Leuten aus Zeeland im Süden der Niederlande, von Johanna und Henk. Zumindest Henk ging irgendwann ein Licht auf.

Die Provinz Zeeland besuchen jedes Jahr zwei Millionen Touristen, etwa sechshunderttausend davon kommen aus Deutschland. Vom Ruhrgebiet aus gesehen ist es der erste Strand in Reichweite. Das Restaurant »Wij twee« in Domburg führt sieben Sorten Schnitzel, der Kiosk hat elf deutsche Tageszeitungen im Sortiment.

Henk und Hanna sind hier geboren. Sie schreibt Kinderbücher, er war Seemann und handelt jetzt mit Antiquitäten. Sie sind beide Jahrgang vierzig. Sie blicken mit einer Mischung aus Verwunderung und Missvergnügen auf die Verdeutschung ihrer Heimat.

»Man hört die Deutschen, bevor man sie sieht«, sagt Hanna in Sietses Buch. »Sie sind laut und so deutlich anwesend.«

Henk erwidert: »Das ist in den letzten zwanzig Jahren besser geworden. Und die Niederländer aus Brabant sind auch laut.« Was sie offenbar stört, sind weniger die Deutschen an sich als vielmehr der Tourismus, die vielen Trailer und Camper, die Massen im Sommer. Jahrzehntelang hielten sie Abstand zu den Deutschen. Manchmal warfen sie sie aus dem Laden, wenn die Fremden die Antiquitäten berührten, obwohl das verboten ist.

Henk handelt übrigens mit Jugendstil-Keramik aus Deutschland. Eines Tages fuhr er auf eine Messe ins Nachbarland. Es war sein erster Besuch. In der Nähe von Düsseldorf stoppte er nachts kurz auf dem Seitenstreifen, um in die Karte zu gucken. Da hielt ein Auto hinter ihm an, der Fahrer stieg aus und fragte: »Haben Sie eine Panne? Brauchen Sie Hilfe?« Henk antwortete knapp: »Nein, aber vielen Dank.« Und doch war Henk sehr bewegt: »Das war höflich. Ganz anders, als ich das von Deutschen erwartet hätte. Da muss ich meine Meinung wohl ändern.«

Wie die beiden entdecken viele Niederländer neue Seiten an ihren Nachbarn. Höflichkeit, Zuverlässigkeit und Großzügigkeit etwa. Aber nicht alles, was sie sehen, gefällt ihnen.

Zu den Dingen, die den Niederländern nicht gefallen, gehört die rote Ampel. Für Sietse von der Hoek steht fest, dass Deutsche vor roten Ampeln warten, auch morgens um drei, wenn weit und breit kein Auto naht. Mit dieser Beobachtung steht er nicht allein. Wo man sich bei Neuberlinern mit niederländischem Pass umhört, in einem sind sie sich schnell einig: »Alle bleiben an der roten Ampel stehen, selbst nachts.« Kurz gesagt: Der Deutsche ist und bleibt gehorsam.

Wenn ich solche Sätze höre, muss ich schmunzeln. Ich stelle mir dann Kolonnen von Beobachtern nachts um drei an ausgestorbenen Straßen vor, auf der Suche nach Untertanen.

Das Klischee ist übrigens international verbreitet. Die Dänen benutzen die rote Ampel, um sich von den Schweden abzugrenzen, und sie haben das Klischee sogar weiterentwickelt: Ihnen zufolge zahlen schwedische Autofahrer selbst dann ihre Straftickets, wenn die Politessen gerade streiken.

Vielleicht ergeht es der roten Ampel irgendwann einmal wie den Pickelhauben und dem Stechschritt. England pflegte lange ein spezielles Deutschlandbild, bis dem damaligen Bundesaußenminister Joschka Fischer eines Tages im Jahre 2004 der Kragen platzte. Den preußischen Stechschritt, sagte er im Interview mit der BBC, könne man nur noch in Uraltserien im britischen Fernsehen lernen.

Grenzen der Beliebtheit: »Deutsch direkt«

Zwei Niederländer, IT-Spezialisten, Mitte dreißig, in branchenüblicher Kleidung ohne Schlips, dafür mit Rucksack, sitzen im Zug von Hoogeveen nach Utrecht vor mir und unterhalten sich über ihre Erfahrungen im deutschen Arbeitsleben. Sie sind sich schnell einig:

»Super, wie sie Absprachen einhalten.«

»Aber Humor – Fehlanzeige. Echt niet – geen humor.«

Was sie sagen, ist ja nicht neu. Es geht dabei nicht nur um den Humor: Deutsche reden nicht lange um die Sache herum, sie lesen nicht gern zwischen den Zeilen. Wir ecken oft an mit unserer direkten Art und sind auch noch stolz darauf. Dienstliche Arbeitsanweisungen kommen mittlerweile auch in Deutschland eher in Frageform daher, aber der Tonfall macht deutlich, dass Widerrede nicht erwartet wird.

In den Niederlanden ist das anders. Das Aufbegehren gegen Autoritäten gehört zur Volkskultur und ist keineswegs die Sache von ein paar Intellektuellen. Die bodenständige niederländische Postbank bat 1995 ein bekanntes Musikergespann um einen Werbespot. Heraus kam ein Loblied auf den eigenen Nonkonformismus, in dem sich alle Niederländer wiedererkennen konnten. Die Niederlande seien ein Land voller Protestgruppen. Der Refrain lautet: »Fünfzehn Millionen Menschen. Auf diesem kleinen Stückchen Erde. Denen schreibt man keine Gesetze vor. Denen lässt man ihre Würde.«

Offenbar brachte das Werbe-Duo »Fluitsma & Van Tijn«

die richtigen Saiten zum Schwingen. Aus dem Lied des Werbe-spots der Postbank wurde der Spitzenreiter der Hitparade – und später die heimliche Hymne des Landes.

Doch auch in den Niederlanden bestimmt der Chef den Grad der Mitbestimmung. Das sei allen mit auf den Weg ge-geben, die meinen, ins gelobte Land zu kommen. Ist der Chef aber ein Deutscher, wird er sich vielleicht wundern, warum niemand ihm einen Kaffee bringt. Die Umgangsformen sind entspannter, persönlicher und egalitärer. Jeder Einzelne zählt und darf sich äußern. Erfahrung gilt mehr als der Status. Vor allem ist man schnell beim Du, manchmal dauert das keine fünf Minuten. Niederländer reagieren befremdet, wenn sie hören, dass manche langjährigen Kollegen in deutschen Firmen sich auch nach Jahren der Zusammenarbeit noch siezen.

Doch es gibt auch Menschen, die sich nach Deutschland sehnen, vor allem jene der Spezies »Chef«. Ein niederländi-scher Verleger, der ungenannt bleiben will, seufzte nach einer Besprechung in Bonn: »Ach, wäre ich doch Chef in Deutsch-land geworden, dann würden endlich mal alle Mitarbeiter machen, was *ich* will, ohne diese ständigen Widerworte.«

Ein niederländischer Freund von mir meinte dazu: »Das macht uns ja auch so anstrengend, dass wir alle so einzigartig sind.«

Kannitverstan – Deutsch als Nischensprache

Ins Wattenmeer-Zentrum »De Noordwester« auf der friesischen Insel Vlieland kommt ein Mann Mitte dreißig mit Brille und Goretex-Jacke und erkundigt sich höflich und leise nach der Exkursion zu den Robbenbänken. Fünf Personen, darunter ein zweijähriges Kind, sollen mit auf die Partie. Die Unterhaltung wird auf Englisch geführt, und es geht vor allem um die Frage, ob ein kleines Kind den Seegang auf dem Schiff verträgt. Nichts lässt darauf schließen, dass der Fragende ein Deutscher ist. Die Damen am Schalter sprechen gut Englisch, es wird mit dem Kapitän telefoniert, alles nimmt seinen Lauf – auch wenn die Tour am Ende wegen Sturm ausfällt.

Diese zurückhaltende Art vieler Deutscher kommt gut an. »Früher kamen deutsche Touristen und sprachen uns direkt auf Deutsch an«, hat Sietse, der Autor, mir noch mit auf den Weg gegeben. »Das hat uns gar nicht gefallen.«

Gut möglich, dass Besucher aus Deutschland bald überall in den Niederlanden Englisch sprechen müssen. Die deutsche Sprache führt ein Nischendasein. Vorbei die Zeiten, als Deutschland die kulturelle Leitnation war und Deutsch die Sprache der Wissenschaft.

Die ältere Generation der Niederländer versteht Deutsch noch, aber spricht es nicht so gern. Die Jüngeren machten sich lange Zeit gar nicht erst die Mühe, es zu lernen. 2013 gab es in den Niederlanden nur vierundfünfzig Studenten, die Germanistik im Hauptfach zu Ende studierten.

Dieses Schicksal teilt die deutsche Sprache mit Spanisch

und Französisch. Englisch als lingua franca übertrumpft alles.

Doch es gibt durchaus Versuche, den Trend umzukehren. Jahr für Jahr findet inzwischen ein landesweiter Mitmach-Tag statt, an dem Schüler und Studenten für das Fach Deutsch begeistert werden sollen. Offenbar mit Erfolg. Mittlerweile werden händeringend Deutschlehrer gesucht.

Und dafür gibt es auch handfeste Gründe. Die Handelskammer hat einmal ausgerechnet, was die Niederländer diese Lernfaulheit kostet. Heraus kam die stattliche Summe von sieben Milliarden Euro jährlich an entgangenem Umsatz.

Vielleicht sollte man den Menschen all das viele Geld vor Augen führen, was zu holen wäre – wenn schon alle Appelle nichts nutzen.

Einer, den dieses Thema umtreibt, ist der Wirtschaftsexperte und ehemalige Deutschland-Korrespondent Wouter Meijer. Nicht wenige niederländische Firmen, meint er, scheiterten bei der Eroberung des deutschen Marktes an Kleinigkeiten.

»Wachstumsregion Nummer eins ist Deutschlands Süden und Südwesten. Bei größeren Aufträgen muss europaweit ausgeschrieben werden. Da gibt es dann drei Bewerber. Einen aus Deutschland, einen aus Tschechien und einen von uns. Sicher ist: Unser Angebot ist eher charmant geschrieben, mit ein paar Schreibfehlern und Ausdrücken, die gerade so danebenliegen. Raten Sie mal, wer dann den Auftrag kriegt.«

Können Nachbarn Freunde sein?

Manchmal dauert es zwei bis drei Generationen, um die alte Verbitterung zu überwinden. Endlich scheint so etwas wie Normalität eingekehrt zu sein. Wobei mir nach der Lektüre von einem halben Meter »Duitsland«-Büchern und Dutzenden von Gesprächen mit Niederländern das Wort »Liebe« doch zu dick aufgetragen ist. »Angenehme Überraschung« trifft es eher. Die Entdeckung, dass auf der jeweils anderen Seite der Grenze auch anständige Menschen wohnen, kann befreiend sein.

Ob man bei so viel Nähe auch in Sachen Humor auf einen Nenner kommt?

»Natürlich haben Deutsche Humor«, sagt der Autor Thomas Rosenboom. »Doch der ist so subtil, dass wir Niederländer den nicht kapieren.«

Sechstes Kapitel

Neue Niederlande

*Wie Rotterdam zu einem Bürgermeister aus dem
Wilden Westen Marokkos gekommen ist.
Warum Nachbarn einander plötzlich grüßen sollen.
Wie ein Dandy mit Chauffeur zum Liebling der
Unzufriedenen wurde – und beinahe Ministerpräsident.
Was wir von den Niederlanden lernen können
und was besser nicht.
Warum die Partei der Freiheit von Geert Wilders
nur ein einziges Mitglied hat.*

Der Leithammel

Es ist Dienstag, der 15. Dezember, der landesweite Einbürgerungstag. Heute bekommt der König achtundachtzig neue Untertanen.

Wo kann man diesen Tag besser erleben als in Rotterdam, der ersten Großstadt der Niederlande, die gemischt ist wie New York. Wir stehen am Seiteneingang des Rathauses, einer historistischen Trutzburg aus dem Jahre 1918, und alle warten auf einen Mann, der aber gerade noch mit der Regierung in Den Haag zu tun hat.

Der Bürgermeister selbst ist ein Sinnbild des Wandels. Ein Politiker vom ultrarechten Vlaams Belang schimpfte schon bei der Amtseinführung 2008, mit der Wahl des Bürgermeisters sei die islamische Machtübernahme eine Tatsache geworden. Tatsächlich ist Ahmed Aboutaleb gläubiger Muslim.

Aboutaleb scheut nicht die harten Worte. Er sagt zu Muslimen, was sich westliche Politiker ansonsten nicht trauen. Nach dem Terroranschlag von Paris im Januar 2015 richtete er sich an niederländische Dschihadisten, als er sagte: »Wenn es euch hier nicht gefällt, haut einfach ab.« Und er fügte hinzu: »Wenn ihr die Freiheit nicht wollt, packt eure Koffer und geht.«

Aboutaleb ist ziemlich gefragt: Das Weiße Haus lud ihn zu einer Konferenz über religiösen Extremismus ein. Die liberal-konservative Wochenzeitung Elsevier wählte ihn zum Niederländer des Jahres. Der damalige Londoner Bürgermeister Boris Johnson sagte über ihn: »Er ist mein Held.«

Seit 2006 ist die Einbürgerung ein feierlicher Akt. Natürlich gab es auch schon früher neue Pässe für neue Niederländer. Aber seit 2006 sind die Gemeinden gesetzlich verpflichtet, sich dabei Mühe zu geben. Das Ganze begann mit einer Initiative des liberalen Abgeordneten Arno Visser, der sich schnell andere Politiker anschlossen. Visser hatte mit Neubürgern gesprochen, die enttäuscht darüber waren, wie formlos sie die neue Nationalität zugeteilt bekamen. Eine Russin war frisch vom Frisör gekommen und hatte sich eigens ein neues Kleid gekauft – um dann im Rathaus einem desinteressierten Beamten zu begegnen, der ihr die Papiere über den Schalter schob, ohne sie überhaupt anzugucken.

Der Gleichgültigkeit dieses Beamten entsprach aber offenbar auch das Sprachniveau der neuen Niederländer. »Eigentlich sollte es ja der Tag sein, an dem neue Niederländer sich zu diesem Land bekennen. Aber warum sprechen sie untereinander so wenig Niederländisch?«, notierte der Sozialdemokrat Eberhard van der Laan – später Bürgermeister von Amsterdam und einer der Strategen der Integration – und folgerte daraus: »Wichtig ist es, die schönsten Schulen in den ärmsten Vierteln zu bauen und mit Nachdruck dafür zu sorgen, dass die Kinder die Sprache lernen.«

Ob die Niederlande tatsächlich die schönsten Schulen in die ärmsten Viertel gebaut haben? Das mit dem »Nachdruck«

beim Sprachenlernen ist aber offenbar angekommen. Außerdem hat sich anscheinend herumgesprochen, dass die Einbürgerung ein Fest ist, für das man sich in Schale schmeißt. Um mich herum lauter Männer mit Schlips und Kragen unter der Goretex-Jacke, gebügelte Hemden, kunstvolle Frisuren, Frauen in langen Kleidern, kleine Jungs mit Fliege, und das in den Niederlanden, wo man Anzug sonst nur zur Beerdigung trägt.

Sie kommen aus allen Kontinenten, aber sie sprechen Niederländisch miteinander, soweit man das erlauschen kann, an diesem windigen Dezemberabend in Rotterdam. Auf diesen Moment haben einige von ihnen zehn Jahre lang gewartet. Hier stehen die, die einmal das Staatsvolk der Niederländer ausmachen werden, jedenfalls einen beachtlichen Teil davon.

Drinnen gibt es vorweg einen Tasse Kaffee und ein Stück Kuchen, ein Magier beschäftigt die Kinder damit, Luftballons in den Nationalfarben Rot-Weiß-Blau aufzublasen.

Wim Groen, ein blonder Hüne im Anzug – aber ohne Schlips –, breitschultrig und gut gelaunt, hat mich ins Schlepptau genommen. Wims Aufgabe ist es, dem heutigen Tag einen gewissen Glanz zu geben, er ist der oberste Beamte für »Bürgerangelegenheiten«. Ein Dutzend der Frauen hier tragen Kopftuch, es gibt keinen einzigen Schleier. »Keine Burkas«, konstatiert Wim neben mir, »aber auch das wäre erlaubt.«

Zwanzig Nationalitäten sind vertreten, von Tibet bis zur Türkei, von Marokko bis Indonesien, von Syrien bis Surinam. Einer nach dem anderen wird gleich aufgerufen, nach vorne zu kommen und einer Loyalitätserklärung zuzustimmen, deren wichtigster Satz ist: »Jeder im Königreich ist gleich und muss gleich behandelt werden.« In den vierundvierzig knappen Zeilen stehen große Worte wie Religionsfreiheit und Meinungsfreiheit. Was nicht explizit darin steht ist, dass es verboten ist, seine Frau zu schlagen. Oder erlaubt ist, auch einen Stein anzubeten. Dass die Gleichheit für alle gilt, für Heteros und Homos, Frau und Mann, Muslima und Christ.

Das alles werden die Neubürger jedoch gleich in freundlichen, aber unmissverständlichen Worten von Ahmed Aboutaleb hören, dem gläubigen Muslim und überzeugten Sozialdemokraten.

Bewährungsprobe Rotterdam

Die Oberbürgermeister der großen Städte werden in den Niederlanden von der Krone ernannt. Nicht gewählt. Aboutaleb steht über den Parteien. Er war schon Stadtrat in Amsterdam, Staatssekretär in der Regierung, davor Reporter und Leiter eines Instituts für Migration.

Er kann, ja, er sollte besser, er muss sogar neutral sein. So ein Amt ist eine Bewährungsprobe für jeden Politiker – und wohl besonders für Ahmed Aboutaleb, dessen Aufstieg mit dem Posten in Rotterdam vermutlich noch lange nicht zu Ende ist.

Es könnte die Zeit kommen für einen ersten muslimischen Regierungschef in Westeuropa. Das wäre dann vielleicht seine Stunde.

Als ehemaliger Fernsehreporter weiß Aboutaleb, wie man Schlagzeilen macht. Dabei nimmt er gelegentlich den Mund recht voll und erklärt dem IS den Krieg. Die vierzig- bis fünfzigtausend Kämpfer solle man »wegfegen«. Diese martialische Sprache gefällt nicht allen. Einige Muslime finden, dass er den Rechtspopulisten zu sehr nach dem Mund rede und den eigenen Nachwuchs in den Extremismus treibe. Seine Partei, die Sozialdemokratie, reibt sich manchmal an seiner Härte. Aber beim Wahlvolk kommt er gut an, gerade bei den alten Stammwählern der Arbeiterschaft, die in Scharen zu den Linkssozialisten und den Rechtspopulisten gelaufen sind. Seine Herkunft macht ihn glaubwürdig. Andere haben nur eine Karriere, er dagegen hat eine eigene Geschichte. Sie nehmen ihm ab, dass er meint, was er sagt.

Als er an diesem Abend im schwarzen Anzug, die Amtskette umgehängt, im Rotterdamer Rathaus in den Saal tritt, kann die Zeremonie beginnen. Die achtundachtzig Aspiranten auf die niederländische Staatsbürgerschaft haben ihre Familien und Freunde mitgebracht. Die Stühle werden knapp.

Aboutaleb geht zügigen Schrittes, aber gelassen, ein drahtiger Mann von Mitte fünfzig, die Haare sind nicht mehr ganz so dicht. Er ist kein George Clooney, auf den Männer eifersüchtig sein müssten, aber er sieht gut aus, wirkt offen und freundlich, und er spricht akzentfreies Niederländisch.

Zu zweit werden sie die Zeremonie leiten: Neben Aboutaleb ist auch Peggy Wijntuin aufs Podium gestiegen. Eine tatkräftige Frau von Mitte vierzig, auf deren Initiative 2013 im Rotterdamer Hafen ein Denkmal zur Erinnerung an die Sklaverei errichtet wurde. Sie stammt selbst aus Surinam, einem kleinen Staat in Südamerika, der bis 1975 niederländische

Kolonie war und den Reichtum des Mutterlands auf tausenden von Zuckerplantagen mehrte.

Surinam ist ein Land, das einen blutigen Militärputsch hinter sich hat und in dem es lebensgefährlich sein kann, anderer Meinung zu sein. Auch Marokko ist von demokratischen Verhältnissen weit entfernt. Die Erfahrung von Unfreiheit und Armut in ihren Herkunftsländern vereint die beiden Menschen auf dem Podest, die äußerlich nur wenig miteinander zu tun haben. Dort stehen sie nun, zwischen den Säulen des Rathauses, zwei Einwanderer, und vertreten Volk und Vaterland, Krone und Grundgesetz. Freiheit und Frieden sind für sie keine leeren Worte, sondern eine sehr konkrete Erfahrung, für die sie dankbar sind, weil sie anderes erlebt haben.

Persona non grata

Aboutaleb kam erst mit vierzehn Jahren aus dem Westen Marokkos in die Niederlande. Er ist ein echtes Vorbild, der Prototyp des fleißigen Einwanderers. Die Zeitschrift *Vrij Nederland* zitierte seinen Lehrer im, wie sie schrieb, »Wilden Westen von Marokko« mit den Worten: »Ihr seid Soldaten. Aber dieser Junge, Ahmed, ist der Marschall.«

Zweihundert Menschen sitzen im Saal und hängen an den Lippen des »Marschalls«: Der erzählt von 1986 und seinem ersten Auslandsauftrag als junger Reporter. Die Reise führte ihn nach Paris. Dort sollte er für die NOS, den öffentlichrechtlichen Sender, über ein Musikfestival berichten. Aboutaleb erkundigte sich vorher telefonisch beim französischen Konsulat in Amsterdam, ob er – mit marokkanischem Pass und niederländischer Aufenthaltsgenehmigung – einreisen könne oder ob ein Visum nötig sei. Das Konsulat gab grünes Licht. Als der Zug dann die belgisch-französische Grenze passierte, wurde ihm die Einreise verweigert. Er wurde, wie er sagt, zur »persona non grata« erklärt und mit dem nächsten Zug zurückgeschickt.

»Am nächsten Tag hab ich einen Brief an die Königin geschrieben. Nach zwei Jahren hatte ich meine niederländische Staatsbürgerschaft.«

Es sind Geschichten wie diese, die jedem im Saal klarmachen sollen, dass sie alle Glückspilze sind.

Aboutaleb setzt sogar noch einen drauf. Im Élysée-Palast habe er dann später mit dem französischen Präsidenten zu Mittag gegessen als Teil einer Delegation, die von König Willem-Alexander angeführt wurde. Weiter kann man in diesem Leben wohl kaum kommen: von der »persona non grata« zum Gast beim Präsidenten – und das innerhalb von nur dreißig Jahren. Aboutaleb ist die niederländische Variante von »vom Tellerwäscher zum Millionär«.

Wie alle Millionärsgeschichten wirkt auch diese ansteckend.

Wohlgelaunt nehmen die Neubürger an diesem Abend ihre Urkunde in Empfang. Es herrscht eine Stimmung wie bei einer Abiturfeier mit lauter Einsernoten.

Aboutalebs Rede ist in einfachen Worten gehalten und klingt ein bisschen wie das Glaubensbekenntnis des Westens: »Ihr dürft eine Schule gründen! Eine Gewerkschaft!

Das ist in vielen Ländern verboten. Ihr dürft sogar Bürgermeister werden wie ich. Aber keine Freiheit ohne Verantwortung: keine Beleidigung, kein Rassismus. Was Recht ist, entscheiden die Richter, und nur die. Und wenn ihr den Pass nutzen wollt, um euch dem IS anzuschließen, dann nehmt ihn besser nicht. Dafür ist er nicht da. Das ist Terror. Und: niemand kann sagen ›Ich nehme zwar den Pass – aber ich schlage meine Frau‹«.

Das Ganze mündet in ein Plädoyer, das wie eine moderne Version des bedeutendsten türkischen Dichters Nazim Hikmet klingt, der einst schrieb:

Leben einzeln und frei
wie ein Baum und dabei
brüderlich wie ein Wald,
diese Sehnsucht ist unser.

Bei Aboutaleb klingt es etwas prosaischer: »Sucht euer eigenes Ich – eure Identität – unter dem Schutzschirm der niederländischen Staatsbürgerschaft.« Diese Idee, die er da in die Köpfe gesetzt hat, scheint zu zünden. Einer nach dem anderen kommt nach vorne, bei jedem Namen wird geklatscht; frohe Gesichter, Erleichterung, kein Krampf.

Sollten manche männlichen Muslime vielleicht Probleme haben, einer Frau die Hand zu geben, so zeigen sie es heute Abend nicht. Erst schütteln sie Aboutaleb die Hand, dann Peggy Wijntuin.

Alles läuft zügig ab, aber würdig – ohne Eile. Nur ein altes Paar aus Marokko tut sich etwas schwer. Die Dame mit dem mintfarbenen knöchellangen, wallenden Gewand, der Djellaba, und ihr Mann in weißer Jacke und Hose und gelbem Fez, brauchen eine Weile, um ihren Eid auf Niederländisch zu leisten. Denn das ist Pflicht: Jeder muss sich in eigenen Worten und auf Niederländisch bekennen. Die Formel lautet entweder »So wahr mir Gott helfe« oder allgemeiner: »Das erkläre und gelobe ich.«

Allah, Buddha und der Gott der Christen werden an diesem Tag und in diesem niederländischen Rathaus nicht oft angerufen. Niederländer wird man aus eigener Kraft.

Aboutaleb eignet sich aus vielen Gründen als Vorbild. Eine Reporterin von *Vrij Nederland* hat seinen Geburtsort im Westen Marokkos aufgesucht und mit Verwandten, Freunden und Lehrern gesprochen. Seine Familie war bettelarm. Schuhe waren ein Luxus, es gab nur eine Mahlzeit am Tag. Der Großvater war das Oberhaupt der Familie, während Aboutalebs Vater in den Niederlanden als Putzmann arbeitete und das Geld nach Hause schickte. Als der Großvater starb, zog die ganze Familie – Mutter und sechs Kinder – in die Niederlande. Aboutaleb war fünfzehn, als er in die Niederlande kam: wach und voll Bildungseifer, und er büffelte die Sprache der neuen Heimat.

»Stimmt es, dass Sie jedes Wort, das Sie nicht verstanden haben, im Wörterbuch nachschlugen?«, frage ich ihn an diesem Dienstagabend, als die lange Schlange an Fans ihre Selfies mit ihm geschossen hat und weitergezogen ist zu den kostenlosen Snacks und dem Wein.

»Ich hab die Zeitung neben das Wörterbuch Französisch-Niederländisch gelegt – und Wort für Wort übersetzt. Für zehn Zeilen brauchte ich manchmal zwei Stunden.« Das sei jetzt vierzig Jahre her, aber die Wörterbücher habe er aufbewahrt, fügt er hinzu.

»Gab es einen Moment, in dem Sie fühlten, dass Sie jetzt ein richtiger Niederländer sind?«

Ich muss an Osman Paköz denken, den Imam in Amsterdam Nieuw-West, der eines Tages mit seinen zwei Kindern in Robs kleines Motorboot kletterte, und, als sie dann aufs IJsselmeer fuhren, das Steuer übernahm. In diesem Moment, die Altstadt aus dem 17. Jahrhundert im Rücken und das Wasser um sich herum, brach es aus ihm heraus: »Jetzt bin ich Bürger – wie die anderen Amsterdamer auch.«

Aboutaleb hat andere Erinnerungen: »Ich fühlte mich hier schon länger zu Hause, auch bevor ich meinen Pass erhielt. Die größten Glücksmomente waren, als ich meinen Führerschein bekam und – noch stärker – als meine erste Tochter hier geboren wurde. Wie toll es ist, ein Kind zu bekommen!«

Postenjäger im Ajax-Trikot?

Dass Bürgermeister benannt, aber nicht gewählt werden, hat viele Vorteile. Es schützt die Städte vor Eintagsfliegen und fragwürdigen Kurzzeit-Volkshelden. Aber es hat auch mehrere Haken. Zum einen kann es nach Hinterzimmerpolitik klingen, und zum anderen müssen sich die Bürgermeister ihre Unterstützung erst erarbeiten.

In Rotterdam geben nach dem Niedergang der alten sozialdemokratischen Stadtoligarchie gemäßigte Populisten der Gruppierung »Leefbaar Rotterdam« den Ton an. Sie konnten sich 2008 erst einmal nicht so recht mit Aboutaleb anfreunden, schon allein wegen seines Makels, ein Mann aus Amsterdam zu sein – denn dort war er zuvor Stadtrat gewesen. Amsterdam und Rotterdam sind seit Urzeiten in inniger Hassliebe verbunden. Die Rivalität der Fußballklubs »Ajax Amsterdam« und »Feyenoord Rotterdam« ist legendär. Ein Mann aus Amsterdam, der in Rotterdam Karriere macht, gilt dann schnell als »Postenjäger im Ajax-Trikot« – und verdächtig. Noch schwerer wog bei den Rotterdamer Populisten, dass mit Aboutaleb ein Repräsentant jener Volksgruppe Bürgermeister wurde, »die in den Niederlanden und Rotterdam Probleme verursacht«, so der Fraktionsvorsitzende Ronald Sørensen.

Doch bald gewann Aboutaleb durch offene Ohren und harte Arbeit immer mehr Herzen in der Stadt, auch bei denen, die ihn seiner Herkunft wegen so vehement abgelehnt hatten.

Oft ist er – so erzählt man sich – mit einem Hut in Rotterdam unterwegs, damit er nicht so schnell erkannt wird, und hört sich in den Vierteln um. Oder er lädt Bürger ins Rathaus ein, ohne davon groß Aufhebens zu machen.

Seit Aboutaleb Bürgermeister ist, landet Rotterdam ganz oben auf den Ranglisten: Die Stadt wird vom Reiseportal »Lonely Planet« auf Platz fünf der besten Städte gesetzt und kassiert Preise wie »Urban City of the Year« für seine kühne Architektur.

Wenn es einen Politiker gibt, der dem bekannten Rechtspopulisten Geert Wilders die Stirn bieten kann, dann ist es wohl Ahmed Aboutaleb. Und Aboutaleb meint es ernst. Sein

Vater habe schließlich zwei Jobs als Putzmann angenommen, um allen seinen Kindern das Studium in den Niederlanden zu ermöglichen. Der alte Herr habe es mit der Angst zu tun bekommen, als Geert Wilders im Wahlkampf 2014 in die Menge rief: »Wollt ihr mehr oder weniger Marokkaner?« und, als die Menge »Weniger!« brüllte, versprach: »Das regeln wir.«

Der Ausspruch weckte landesweit Empörung. Wilders bekam über sechstausend Anzeigen für diesen Satz. Das Urteil wird 2016 erwartet.

Vater Aboutaleb fragt sich aber trotzdem, wann er die Koffer packen muss.

Chaos und Charisma

Es gab eine Zeit um die Jahrtausendwende, da verloren die Niederlande die Balance. Es begann mit dem gutgemeinten, aber völlig fehlgeschlagenen Einsatz im jugoslawischen Bürgerkrieg. Niederländische Blauhelme konnten die ihnen anvertrauten muslimischen Flüchtlinge in der UN-Schutzzone Srebrenica nicht vor der serbischen Soldateska schützen, was zum größten Massenmord in Europa seit 1945 führte. Noch immer ist nicht ganz geklärt, ob die Soldaten zu unerfahren waren, die anderen Alliierten sie im Stich ließen, oder ob die politische und militärische Führung der Niederlande sie auf eine aussichtslose Mission schickte. Am Ende übernahm die Regierung die Verantwortung und trat zurück. Das Selbstbild war schon angeknackst, als sich wenig später in den Niederlanden zwei politische Morde in aller Öffentlichkeit ereigneten.

Dann erhob sich auch noch eine neue nationale Sammlungsbewegung, die auf die alten Prinzipien von Toleranz und Multikulti pfiff.

Als die Niederlande aus dem Tritt kamen, begann das mit einem politischen Erdbeben in Rotterdam. Rotterdam ist die Probe aufs Exempel, keine Stadt der schönen Worte, eher proletarisch und rau, Babylon und Meltingpot von einhundert-achtzig verschiedenen Nationen. Die Stadt hat eine fast ebenso imposante Skyline wie die große Schwester über dem Atlantik, und wenn man Rotterdam schmeicheln möchte, spricht man vom »Manhattan an der Maas«. Rotterdam liegt so nahe am großen Meer, dass zwischen den Wohnhäusern auf einmal ein Ozeanriese auftauchen kann.

Zwar ist sie mit Ahmed Aboutaleb die erste westeuropäische Großstadt mit einem muslimischen Bürgermeister, aber sie ist auch die Stadt, in der der Rechtspopulismus groß wurde.

Eines Tages im Jahre 1990 kreuzte in Rotterdam ein Mann auf, der auf den ersten Blick nicht wirklich dorthin passte. Ein Dandy mit schreiend bunten Schlipsen, der offen schwul lebte. Er lehrte Soziologe an der berühmten Erasmus-Universität und verdiente sein Geld mit Kolumnen für ein rechtes Pressehaus. Ein intellektueller Provokateur, der sich nicht darum scherte, was »man« dachte. »Professor Pim«, wie er sich gerne nennen ließ, wurde zum Sprachrohr jener alteingesessen Rotterdamer, die sich durch den Zustrom von Einwanderern aus Marokko, der Türkei, Surinam und von den Antillen wie Fremde in ihrer eigenen Stadt fühlten. Als man ihn nach seiner Ermordung in der Kathedrale aufbahrte, kamen Zehntausende, um von ihm Abschied zu nehmen. Er hat ein eigenes Denkmal mitten in der Stadt und ist stets präsent, auch wenn er schon lange tot ist.

Im Erdgeschoss des Rotterdamer Rathauses treten in der Mittagszeit drei Hochzeitsgesellschaften nacheinander aus dem Standesamt. Sie kichern und klatschen. Die Männer stehen etwa abseits. Die Frauen tragen Kopftücher in allen Farben des Regenbogens, enge Hosen und freche Pumps und machen Gruppenfotos vor dem Eingang.

»Schön bunt ist das hier«, sagt der Mann an der Rezeption – nennen wir ihn Jan, ein geborener Rotterdamer um die fünfzig, nicht ohne Stolz – kurz und knapp, dabei nicht unfreundlich. Er taut spürbar auf, als ich ihn nach Pim Fortuyns leerem Platz frage.

Der Ratssaal wird gerade restauriert, es wird gehämmert und gesägt. Hohe Fenster, fünfundvierzig Plätze, eine Sitzreihe an der Stirnseite für den Bürgermeister und die Stadträte. Links die Pressetribüne, oben eine Etage für die Öffentlichkeit. Ein Platz im Ratssaal wird freigehalten auf unbestimmte Zeit, vorne links auf der ersten Bank, Auge in Auge mit dem Bürgermeister. Wer das entschieden hat, ist nicht zu erfahren: Es ist wohl ein ungeschriebenes Gesetz, eine Sache der Pietät und Zeichen der Sympathie.

Der leere Platz gehört dem Mann, der einst das politische Spektrum der Niederlande verrückt hat.

Jan, der Mann vom Empfang, akkurat in blauem Anzug mit Schlips, gibt mir noch einen Satz mit, über den sich streiten lässt: »Pim Fortuyn ist sehr aktuell. Und – das können Sie mir glauben – er hatte nichts gegen den Islam.«

Pim Fortuyn war ein Exzentriker und ein Provokateur. Er brach die eiserne calvinistische Regel, ja nicht aufzufallen und den Kopf nicht zu weit hochzurecken. Er wohnte in einer Fabrikantenvilla der Jahrhundertwende mit blau-weiß gestreiften Markisen, einst erbaut für den Gründer der Kaffee-Bonbonmarke »Hopjes«. Nach niederländischem Standard war das ein kleiner Palast. Fortuyn ließ sich in einer britischen Acht-Zylinder-Daimler-Limousine von seinem Chauffeur durch das Land kutschieren und war immer in Begleitung seiner beiden Schoßhunde, der King-Charles-Spaniels Kenneth und Carla. Er hatte einflussreiche Freunde in der Immobilienbranche. Ein Mann auf dem Weg nach oben.

Ein Video im Netz vom April 2002 aus Rotterdam zeigt nur seine rechte Armbeuge, lässig aus dem Autofenster gestreckt, Pim Fortuyn selbst sieht man nicht, man hört nur seine Worte von der Rücksitzbank: »Täuscht euch nicht: Ich werde Ministerpräsident dieses Landes.«

Das war nicht einmal übertrieben.

Männer ohne Eigenschaften

Jedes Land bekommt die Politiker, die es verdient. Niederländer waren es gewohnt, Menschen an der Regierung zu haben, die mit dicken Aktentaschen jeden Morgen unbeirrt ins Büro radelten, die wenig von sich hermachten, über deren Privatleben man nichts wusste. Menschen in grauen Anzügen, die Tag und Nacht für das Gemeinwesen schufteten.

Doch die Wähler und vor allem die Nichtwähler hatten es offenbar satt, von solchen »Männern ohne Eigenschaften« regiert zu werden, die sich nur noch in großen Koalitionen über Wasser hielten. Eine solche Periode war die sogenannte lila Koalition gewesen. Acht lange Jahre – von 1996 bis 2002 – regierten die Rechtsliberalen (VVV) gemeinsam mit den Sozialdemokraten (PvdA). Danach hatte sich einiges an Unmut aufgestaut. Diese Koalition hatte das Land modernisiert, ein Gesetz zur Sterbehilfe beschlossen, die Homoehe eingeführt und das Bordellverbot abgeschafft. Die Niederlande waren meilenweit vorausgeeilt – und hatten dabei einen beträchtlichen Teil der Wähler abgehängt. Vor allem hatten sie – und damit waren sie in Europa in bester Gesellschaft – ein zentrales Thema übersehen oder es sich schöngeredet: Es gab massive Integrationsprobleme, vor allem unter den 400 000 Marokkanern. Oder wie die Niederlande-Korrespondentin Kerstin Schweighöfer im *Focus* schrieb: »Man packte die Immigranten in Watte, bot ihnen Schwimm-, Koch- und Radlkurse an, gab ihnen in Rekordzeit einen niederländischen Pass – und überließ sie ansonsten ihrem Schicksal.«

Die alten und die neuen Niederländer begegneten sich nur selten, es war keine Apartheid, also eine gewollte Trennung. Nein, diese getrennte Entwicklung ergab sich ganz von selbst, gefördert durch ein Schulsystem, das allen Gruppen erlaubte, ein komplettes eigenes Bildungssystem zu etablieren. Nach Artikel 23 des niederländischen Grundgesetzes erhalten religiöse Minderheiten das Recht auf Schulen, die auf der eigenen Religion basieren. So gibt es unter anderem islamische

Grund- und Oberschulen. Berichte aus den Schulen legen nahe, dass dort nicht alles zum Besten stand. Es liegt wohl auf der Hand, dass Integration schwerfällt, wenn etwa Jungs und Mädchen so weit wie möglich voneinander getrennt werden.

Längst nicht alle Muslime schicken ihre Kinder auf islamische Schulen. Viele Einwanderer melden ihren Nachwuchs lieber auf allgemeinen Schulen an, weil der Unterricht dort einen besseren Ruf hatte. Aber auch hier waren die Einwanderer häufig unter sich.

Schwarze Schulen – weiße Schulen

Niederländer sind manchmal sehr unverblümt. Schnell bürgerten sich zwei Begriffe ein, nämlich »schwarze Schulen« und »weiße Schulen«. Eine Schule, in der mehr als sechzig Prozent der Schüler einen nicht westlichen Hintergrund haben, nennt man eine »schwarze Schule«. Wenn mehr als sechzig Prozent der Schüler einen westlichen Hintergrund haben, gehen sie auf eine »weiße Schule«. Das ist kein Schülerslang, sondern auch die offizielle Bezeichnung des Centraal Bureau voor de Statistiek.

Dazu kamen massive Probleme der Einwanderer der zweiten und dritten Generation, Arbeit zu finden. Ihr Risiko, auch mit guten Abschlüssen keine Anstellung zu finden, lag (und liegt) noch immer viel höher als bei ihren Altersgenossen ohne Einwandererbiografie. Die Arbeitslosigkeit war bei

Zugewanderten viermal höher als bei Einheimischen; fast die Hälfte aller Empfänger von Sozialleistungen waren nicht westliche Migranten.

Es gab Viertel wie Delfshaven mit jahrhundertelanger Übung in religiöser Toleranz – hier hielten einst die Pilgerväter ihren letzten Gottesdienst ab, bevor sie über Southampton in Richtung »Neue Welt« loslegten – oder den Stadtteil Feyenoord rund ums Stadion, die auf dem besten Weg waren, zu »Slums« zu werden. Arbeitslose Jugendliche begannen, Banden zu bilden, und die Ordnungsmacht zog sich immer mehr zurück.

Gleichzeitig wurde das Leben für Homosexuelle ungemütlich. Junge arabisch-stämmige Männer zeigten offen ihre Homophobie, angestachelt vom damaligen Imam von Rotterdam. Er hatte den Homosexuellen den Krieg erklärt: »Die Schwulen müssen bekämpft werden; sie sind eine Gefahr für den Frieden.«

Und Pim Fortuyn, der viel in Rotterdam unterwegs war, schrieb daraufhin ein Buch mit dem Titel »Gegen die Islamisierung unserer Kultur«.

Hängengeblieben von Pim Fortuyn ist vor allem ein Satz, in dem er den Islam als »zurückgebliebene Kultur« bezeichnet. Ein Satz, der in Deutschland damals undenkbar gewesen wäre. Deutschland suchte den Schulterschluss, führende Unionspolitiker verkündeten, dass der »Islam zu Deutschland gehöre«. Doch Pim Fortuyn holte aus: »Ich hasse den Islam nicht, aber ich finde, er ist eine zurückgebliebene Kultur. Ich bin viel durch die Welt gereist. Überall wo der Islam das Sagen hat, ist es einfach nur schrecklich. Die ganzen Zweideutigkeiten. Es ist wie bei den Reformierten. Reformierte lügen dauernd. Woher kommt das? Weil sie die Ansprüche so hoch schrauben, dass niemand sie erfüllen kann.«

So hatte lange keiner in der Öffentlichkeit über den Islam hergezogen. Der Tabubruch machte Pim Fortuyn schnell über Rotterdam hinaus bekannt.

Und Pim Fortuyn war nicht einfach zu packen. Als man ihm Fremdenhass vorwarf, parierte er: »Ich habe nichts gegen die marokkanischen Jungs. Ich schlafe sogar mit ihnen.«

In Rotterdam jedenfalls gärte es damals, die seit Jahrzehnten dominierende Sozialdemokratie hatte abgewirtschaftet. Pim Fortuyn wurde Spitzenmann einer neuen Bewegung, die sich »Leefbaar Nederland« – »Lebenswerte Niederlande« – nannte, und kurz darauf dann Nummer eins einer landesweiten Wahlliste, die er in aller Bescheidenheit »Pim-Fortuyn-Liste« getauft hatte.

Doch dann passierte etwas, was in den Niederlanden bis dahin für undenkbar gehalten worden war. Ein paar Tage vor der Parlamentswahl, seine Anhänger sahen ihn schon als Wahlgewinner, wurde Pim Fortuyn ermordet. Er war gerade einmal vierundfünfzig Jahre alt.

Morde auf offener Straße

Am Montag, dem 6. Mai 2002, neun Tage vor den Parlamentswahlen, hatte Pim Fortuyn gerade eine Reihe von Interviews im Mediapark in Hilversum hinter sich, als ein Mann auf dem Parkplatz auf ihn zukam und aus kurzer Distanz fünf Schüsse aus einer Pistole auf ihn abfeuerte.

Der Attentäter war ein Umwelt- und Tierschützer, ein nicht vorbestrafter Niederländer namens Volkert van der Graaf. Er hatte in Wageningen Landwirtschaft studiert und eine gewaltfreie Umweltorganisation mitbegründet, die niederländischen Agrarbetrieben auf die Finger schaute.

Ein zwanghafter Mann, aber durchaus zurechnungsfähig, so die Gutachter.

Als Motiv gab Van der Graaf vor Gericht an, Pim Fortuyn sei durch seine polarisierende Art eine Gefahr für die Gesellschaft gewesen, vor allem für die Schwachen wie Flüchtlinge und Muslime, und er habe keine andere Möglichkeit gesehen, dessen Weg an die Macht zu stoppen.

In der Nacht nach Fortuyns Ermordung zogen ein paar hundert seiner Anhänger durch das Regierungsviertel in Den Haag und warfen der Regierung eine Mitschuld an dem Mord vor.

Bei den Parlamentswahlen, die kurz darauf stattfanden, holte das Parteienbündnis LPF (»Lijst Pim Fortuyn«) auf Anhieb siebzehn Prozent. Es wurde von den Rechtsliberalen und der größten christlichen Partei in eine Koalition eingebunden und bekam sogar vier Ministerposten, zerbrach aber bald an internen Streitereien über Posten und Prioritäten – und verfehlte 2006 dann den erneuten Einzug ins Parlament.

Zwei unruhige Jahre später ereignete sich ein zweiter Mord.

Wieder traf es einen Exzentriker und Provokateur.

Theo van Gogh, ein Filmregisseur, Publizist, Satiriker und entfernter Verwandter des großen Vincent van Gogh, hatte jahrelang die äußersten Grenzen der Meinungsfreiheit ausgetestet. Er war wenig wählerisch in seiner Polemik, beleidigte Muslime wie Juden, indem er etwa dem bekannten Schriftsteller Leon de Winter die »Vermarktung seines Judentums« vorwarf.

Am 2. November 2004 wurde van Gogh um 8:45 Uhr in der Amsterdamer Linnaeusstraat ermordet. Der Filmemacher und Kolumnist radelte wie jeden Morgen auf der gleichen Route in sein Büro. Er stand kurz vor der Abnahme eines Dokumentarfilmes über den Mord an Pim Fortuyn. Hinter ihm fuhr – auf einem Damenfahrrad – ein junger Mann namens Mohammed Bouyeri. Bouyeri feuerte fünfzehn Kugeln ab. Van Gogh, berichteten Augenzeugen, flehte laut um Gnade. Mit einem Krummschwert, einer so genannten Kukri-Machete, schnitt Bouyeri ihm die Kehle durch. Dann nahm er ein Messer und heftete mit zwei Stichen ein fünfseitiges Bekennerschreiben an den Körper von Theo van Gogh.

Toleranz ade?

Nach den Morden an Pim Fortuyn und Theo van Gogh überboten sich die Parteien der Mitte mit Vorschlägen, wie man der Einwanderung besser kontrollieren und die hier lebenden Migranten zu echten Niederländern machen könnte, notfalls auch mit Druck und Zwang – und die Rechtspopulisten fühlten sich bestätigt. Die Vielfalt der Kulturen war plötzlich out.

Die Liste reichte von Zuzugsverboten für arbeitslose Migranten in Stadtteile mit hohem Ausländeranteil (Rotterdam), verpflichtenden Sprachtest bereits vor der Einreise in die Niederlande (Innenministerium Den Haag) über Abzüge von der Arbeitslosenhilfe für Trägerinnen von Burkas (Vorschlag Bürgermeister Amsterdam) und eine Kopftuchsteuer (Geert Wilders) bis hin zu Einschränkungen beim Ehegattennachzug (Innenministerium Den Haag).

Es war wie mit einem Ohrwurm. Irgendjemand hatte die Melodie vorgegeben. Plötzlich sangen viele mit. Nur dass es sich nicht um ein einzelnes Liedchen handelte, sondern um die Blickrichtung.

Pim Fortuyn hatte für den Fall seiner Wahl zum Ministerpräsidenten einen sofortigen Einwanderungsstopp versprochen und dabei ein Bild bemüht, das tief im niederländischen Gefühlshaushalt zu Hause ist, die Urangst vor den Fluten: »Rotterdam steht das Wasser bis zum Hals. Aber bei laufendem Wasser kann man nicht saubermachen.«

Damit sprach er keineswegs allen Niederländern aus dem Herzen. Schließlich lebte man doch im Mutterland der Toleranz.

Die Attentate in den Niederlanden wurden weltweit wahrgenommen und veränderten auch das niederländische Selbstbild. Zum ersten Mal in ihrer Geschichte wussten die Niederländer nicht mehr, für was sie noch stehen. Ihre Ideale waren ins Wanken geraten – nicht zuletzt weil sie spürten, dass sie plötzlich auch vom Ausland ganz anders wahrgenommen wurden.

Die Verunsicherung lag nicht nur in der Luft. Plötzlich tauchten im Land mehr und mehr Schilder auf mit Benimmregeln wie »Neue Nachbarn werden eingeführt« und »Wir Nachbarn grüßen einander«.

Über das erste Schild dieser Art stolperte ich in Rotterdams Stadtviertel Kralingen, einem wohlhabenden Quartier mit vierstöckigen Häusern in Backstein, Kranhaken, gepflegten kleinen Vorgärten und U-Bahn-Anschluss. Offenbar waren der Mittelschicht die Grundregeln guten Benehmens wieder wichtig geworden. Wer liest, dass er die Nachbarn grüßen soll, wenn er ihnen begegnet, hat das wohl offenbar in der Vergangenheit versäumt.

»Wir haben den Moment verpasst, wo Toleranz in Gleichgültigkeit umschlug«, sagte mir Rien an seiner Haustür, ein Rotterdamer Soziologe, der mit seiner Wohngemeinschaft seit Jahrzehnten zwei Etagen in einem der Bürgerhäuser bewohnt.

Schilder dieser Art sieht man nun auf Spielplätzen und dort, wo sich Bewohner neu kennenlernen, wie im Neubauviertel von Beewerward in Rotterdam.

»Wo du auch herkommst – hier grüßen wir einander.«

»Wir pflegen unsere Gärten.«

»Wir reden miteinander über unsere Unterschiede.«

»Meinungsverschiedenheiten räumen wir aus.«

Niederländer reagieren häufig ungläubig, wenn man sie auf diese Benimmtafeln anspricht. Ehrenwort: Ich habe sie nicht erfunden. Es gibt sie wirklich.

Warten auf Wilders

Einer fehlt im Verzeichnis. Das ist ungewöhnlich im Land der Transparenz. Eigentlich gilt: Wer nichts zu verbergen hat, braucht sich auch nicht zu verstecken. Aber bei ihm muss man wohl eine Ausnahme machen.

Es gibt nur einen einziges Mitglied im niederländischen Parlament, dessen Wohnadresse im Parlamentshandbuch fehlt. Das liegt nicht daran, dass er ein Neuling ist. Im Gegenteil – kein anderer Politiker sitzt schon so lange in der zweiten Kammer wie Geert Wilders. Und kein anderer Politiker in den Niederlanden ist so häufig in aller Munde. Nur zu sehen bekommt man ihn nicht. Seit dem Mord an Theo van Gogh lebt er unter permanenter Bewachung an einem geheimen Ort.

»Alle sagen immer, Wilders sei gefährlich«, hat mir der Historiker Ton Nijhuis mit auf dem Weg gegeben. »Aber man sollte nicht vergessen, dass es Wilders ist, der sich verstecken muss.«

Eine der seltenen Gelegenheiten ihn zu erleben, bietet sich im Frühjahr 2015, als er in Dresden auftritt auf einer großen Wiese voll deutscher Fahnen, eingeladen von den »Patriotischen Europäern gegen die Islamisierung des Abendlandes«.

Wilders lässt auf sich warten – es heißt, er sei noch in der Luft. Während es langsam fünf Uhr wird, strömen nach und nach zehntausend Menschen auf die Elbwiese. Den Eingang zum Festplatz bewachen Männer ganz in Schwarz: glatte Ledermäntel bis zum Knie, Springerstiefel, schwarze Hemden und rasierte Schädel. Auf den Zugangsstraßen ist viel Polizei unterwegs. Der Ministerpräsident von Sachsen hat wissen lassen, dass Geert Wilders nicht willkommen ist. Die Besucher auf dem Platz hat das nicht abgeschreckt. Für sie ist er ein Star – mit ihm teilen sie die Angst vor dem Untergang des Abendlandes.

Die »Verteidiger des Abendlandes« sehen auf den ersten Blick wie ganz normale Bürger nach Feierabend aus. Sie tragen Jacken aus Goretex und Wollmützen. Wenn Trinkbehälter nicht verboten wären auf der Wiese, würden sie jetzt wahrscheinlich die Thermoskannen aufschrauben und einander Kaffee einschenken bei Sonne und acht Grad. Was sie von anderen Menschen abhebt, ist ein gemeinsames Feindbild – und dass sie es furchtbar ernst meinen. Überall wehen rote Fahnen mit einem schwarz-gelben Kreuz – die Farben der Bundesrepublik, aber anders arrangiert. Das sei Stauffenbergs Fahne, lasse ich mir von einem jungen Familienvater erklären. Es sei wieder Zeit für Widerstand, wie damals gegen Adolf Hitler.

So denken Wilders Zuhörer. Wie er sind sie getrieben von Phantomängsten vor einer islamischen Unterwanderung.

Wer wissen will, wie Geert Wilders auf die Massen wirkt, muss ihm hinterherreisen. Zu Hause tritt er selten auf. Dort lebt er seit 2004 unter Polizeischutz und beeinflusst die öffentliche Meinung hauptsächlich online über Kurzmitteilungen und Videobotschaften.

Doch hin und wieder erscheint er in der Öffentlichkeit, umringt von Leibwächtern. Nach den sexuellen Übergriffen in der Silvesternacht in Köln schlug er vor, alle männlichen muslimischen Flüchtlinge in Lagern zu internieren, und verteilte Pfefferspray, mit dem sich Frauen gegen »islamistische Testosteronbomben« verteidigen könnten. Die Dosen enthielten rote Farbe. Pfefferspray ist in den Niederlanden verboten.

Nicht links, nicht rechts

Als dann mit einer halben Stunden Verspätung ein hochgewachsener, schlanker Mann aufs Podium klettert, kommt Beifall auf, eher höflich als enthusiastisch.

Der Volkstribun aus den Niederlanden spricht makelloses Deutsch. Gekleidet ist er wie ein Börsenmakler im dunkelblauen Dreiteiler, mit hellblauem Hemd und Schlips. An seinen platinblond gefärbten zurückgekämmten Haaren ist er auch aus hundert Metern Entfernung leicht zu erkennen.

Irgendwie passen sie nicht recht zueinander, der Dressman aus den Niederlanden und die Bürger in ihren Anoraks, aber Wilders weiß genau, was er wo sagen muss. »In meinen Augen seid ihr alle Helden.« Es ist lange her, dass ein Niederländer Deutsche, die in einem Meer von Fahnen vor ihm stehen, für ihren Patriotismus gelobt hat.

Was sein Vater wohl dazu gesagt hätte? Aufgewachsen ist Wilders in der Grenzstadt Venlo, sein Vater war Forschungschef eines Großunternehmens, seine Mutter kam aus Niederländisch-Indien, dem heutigen Indonesien. Der Vater musste während der deutschen Besatzungszeit untertauchen. Es heißt, dass er vierzig Jahre lang keinen Fuß ins Nachbarland Deutschland setzte.

Mittendrin in der Menge weht die Fahne Israels, der blaue Davidstern auf weißem Grund, eine Grüpplein von sieben Männern und Frauen hält sie hoch. Als Geert Wilders von Israel als dem Licht in der Finsternis spricht, als der einzigen Demokratie im Nahen Osten, wird der Applaus an der Stelle etwas dünn.

Geert Wilders ist kein Antisemit. Ganz im Gegenteil. Er hat Israel drei Dutzend Mal besucht, hat dort zwei Jahre als junger Mann gelebt, er ist verheiratet mit einer Jüdin aus Ungarn, der Diplomatin Krisztina Marfai. Er hat auch Israels arabische Nachbarländer bereist, Syrien, Ägypten und den Irak. »Prächtige Länder«, hat er seine Anhänger wissen lassen, aber auch »chaotisch« und »rückständig«.

Sein Programm ist nationalistisch, wo es um Einwanderer geht, und sozial, wo es um Themen wie Rente und Pflege geht. Er ist rechts und gleichzeitig links. Er verteidigt die Rechte der Frauen auf Selbstbestimmung und das Recht der Homosexuellen auf gleichgeschlechtliche Liebe. Ein Wilders-Fan würde sagen: Er verteidigt die modernen Niederlande vor der Scharia.

Jahrelang war Geert Wilders Abgeordneter der rechtsliberalen Partei VVD, schrieb Reden für Frits Bolkestein, den Querdenker und späteren EU-Kommissar. 2004 gründete er seine eigene Partei, die Partei für die Freiheit, die kurioserweise nur ein einziges Mitglied hat, nämlich Wilders selbst. Anders als etwa in Deutschland gibt es in den Niederlanden kein Parteiengesetz. Die PVV ist offiziell ein Verein. Bestimmen darf daher alleine Geert Wilders. In seiner Partei für die Freiheit kann man nicht Mitglied werden. Er will damit wohl verhindern, dass seine Feinde durch einen Masseneintritt die Richtung der Partei verändern. In einem Interview mit der FAZ sagt er 2009:

»Es kann sein, dass wir in Zukunft eine richtige Partei werden. Aber wir haben die Lektion gelernt von der (inzwischen aufgelösten) Liste Pim Fortuyn. Die ließ früh Mitglieder zu – und wurde dann von den falschen Leuten übernommen. Außerdem ist Parteidemokratie sowieso nur Scheindemokratie. Auf Parteitagen stimmen nur die Bonzen ab.«

Demokratisch ist das nicht, aber durch die Verfassung gedeckt.

Geert Wilders hat als Ein-Mann-Unternehmen die Bürokratie verschlankt: seine Partei kommt ohne Parteitage aus. Wozu der Aufwand, wenn es nur ein Mitglied gibt?

Wilders lebt ein anstrengendes Leben. Auch bei seinem Auftritt in Dresden auf der Festwiese steht er unter Polizeischutz. Über uns kreist ein Hubschrauber, sein Aufenthalt dauert keine vierzig Minuten, dann wird Wilders zum Flieger eskortiert. Kein Bad in der Menge, nur ein Foto mit dem Veranstalter. Ein Leben in Eile und mit sechs Leibwächtern. Seit 2010 ist eine Fatwa gegen ihn ausgerufen.

Ob sich die Mühe dieser Reise gelohnt hat? So ganz hat er doch nicht die Massen angezogen – es ist noch viel Platz zwischen den Reihen der Ordner und der Bühne.

Hinten vor der Schlange an den Dixi-Klos tauschen sich zwei junge Pegida-Anhänger aus: »Sieht schön aus mit all den Fahnen«, sagt der eine.

»Sind aber doch zu wenige«, sagt der andere, und es klingt enttäuscht.

Statt dreißigtausend sind nur zehntausend Menschen zur Montagsdemonstration gekommen.

Einen Monat später ist Geert Wilders Redner in Garland, Texas, bei einer Ausstellung der umstrittenen Mohammed-Karikaturen. Während Wilders drinnen spricht, fallen draußen Schüsse. Es gibt zwei Tote.

Siebtes Kapitel

Schwarzer Peter

Über einen alten Kinderglauben.
Über Regen, Sturm und Sturköpfe.
Wo das gute Selbstbild an seine Grenzen stößt.
Wo es schwarze und weiße Schulen gibt.
Wo eine Jüdin und eine Muslima gemeinsam
durch die Klassen ziehen.

Kinderfest und Kolonial-Kater

Wenn man das diskussionsfreudige Volk der Niederländer in müde Abwehr treiben will, reichen zwei Worte: »Zwarte Piet«. Mit »Schwarzer Peter« ist das nicht richtig übersetzt. Es geht um den Gehilfen des Nikolaus. Anders als in den meisten Ländern ist hier der Knecht schwarz wie die Nacht, hat dicke Lippen und einen Krauskopf. Dass hier mancher an einen Sklaven denkt, ist vermutlich kein Wunder. Doch das hat die Niederländer nicht davon abgehalten, die Kombination »weißer Boss mit schwarzem Helfer« alljährlich mit einem gigantischen Volksfest zu feiern.

Bis sich eines Tages – es war 2012 – eine Professorin aus Jamaika den populären Brauch näher anschaute. Verene Shepherd leitete eine UN-Arbeitsgruppe gegen Rassendiskriminierung. Für sie war der »Zwarte Piet« ein Rückfall in die Sklaverei. Und das äußerte sie auch. Sie forderte die Niederländer auf, diese Tradition unverzüglich aufzugeben.

Damit waren die Zeiten fröhlicher Unschuld abgelaufen. Ein unglaublicher Volkssturm brandete auf. Millionen Niederländer wehrten sich gegen die Einmischung von außen. Es gab böse Briefe, Klagen, Demonstrationen und Morddrohungen.

Der Streit ist noch lange nicht vorbei. Im Kern geht er (auch) um die koloniale Vergangenheit. Da tragen die Niederländer einiges mit sich herum.

Van Spanje naar Oranje

Schon Wochen vor dem Nikolaustag sind Millionen von Kindern und Eltern auf den Beinen, um Sinterklaas und seine Helfer zu begrüßen bei ihrem feierlichen Einzug in die Städte. Nach der Überlieferung wohnt der Nikolaus in Spanien und kommt, weil es sich so schön reimt, per Boot von »Spanje« nach »Oranje« – also von Spanien ins Land der Oranier, voll beladen mit Geschenken und begleitet von seinen Helfern, den »Zwarten Pieten«.

Mitte November ist es so weit – und eher neugierig als begeistert mache ich mich auf den Weg zur Lijnbaansgracht am äußeren Rand des Amsterdamer Grachtengürtels, zum verabredeten Treffpunkt mit unserer kleinen Bootspartie.

In der Nacht ist auch noch Wind aufgekommen, von einiger Kraft – ein Dixi-Klo ist ein paar Meter durch die Luft geflogen und steckt jetzt kopfüber im moorigen Untergrund der Rokin-Gracht im Herzen der Stadt. Das Dach guckt gerade noch aus dem Kanal. So kann man wenigstens sehen, wie tief es hier ist, ein Meter und achtzig sind es wohl. Wenn man sich sehr streckt, könnte man also stehen. Das ist ein gewisser Trost an diesem Tag, an dem der Regen quer kommt und der

Wind das Wasser aufwühlt – und noch dazu unser Boot so klein ist, ein offenes Motorboot von fünf Metern Länge. Der Skipper hat es leergeschöpft und mit einem paar kräftigen Rucks an der Reißleine den Außenbordmotor gestartet. Bald legen wir ab und kurven – acht Kinder, das jüngste kaum ein Jahr alt, und fünf Erwachsene – inmitten einer riesigen Flotte durch die Grachten in Richtung des Flusses, dem Amsterdam seinen Namen verdankt.

Sie haben mich mitgenommen, damit ich mir selbst ein Bild mache. Meine Gastgeber, deutsche Einwanderer, und deren niederländische Freunde, sind allesamt Stammgäste bei diesem Spektakel.

Es ist ziemlich kalt so um den Nacken herum, da, wo dann langsam das Regenwasser durch den Schal nach unten sickert.

Die Kinder hält es nicht auf den Sitzen. Sie winken, tanzen und bewerfen die Nachbarboote mit Pfeffernüssen.

Wir haben es eilig. In gut einer Stunde kommt der Nikolaus nach Amsterdam, mit dem Dampfschiff auf der Amstel. Wir fahren ihm entgegen – und wir sind nicht allein. Dreihunderttausend Menschen stehen an den Ufern. Und wie viele auf dem Wasser fahren, lässt sich schwer sagen in all dem Gewimmel. Doch der Kapitän kennt sein Boot und manövriert es zwischen all den Schiffen mit der gleichen Leichtigkeit hindurch, mit der die Niederländer auch Fahrrad fahren.

Es herrscht ein stummer Wettstreit zwischen all den Papas und Mamas am Steuer, ihren Kinder auch ja den besten Blick zu bieten. So dicht an dicht fahren hier die Boote, dass manchmal kaum eine Handbreit dazwischen passt, besonders unter den Brücken, wo sich die Boote drängen. Die Kinder werden streng ermahnt, ja die Finger im Boot zu halten.

Um uns herum kurven ehemalige Rettungsboote, Motoryachten, Schaluppen, Salonschiffe aus Mahagoni, mit Spitzengardinen an den Fenstern, Rundfahrtboote, Beiboote – eigentlich alles, was schwimmen kann, randvoll mit Kindern, Eltern und Großeltern.

Das halbe Volk ist unterwegs. An der »Mageren Brücke« tanzen zwei »Zwarte Piete« und werfen Pfeffernüsse hinunter zu den Booten. Überall rote Lippen, bunte Kappen, Frohsinn. Wir haben es fast geschafft – die große Klappbrücke kommt in Sicht.

Pünktlich um elf fährt das Dampfschiff mit dem Nikolaus aus der Schleuse. Das Schiff hat einen klappbaren Schornstein – es ist schon eine Weile unterwegs im Land der niedrigen Brücken – und tutet drei Mal zur Begrüßung.

Als der Qualm sich verzogen hat, sieht man einen älteren Herrn mit langem Bart auf dem Oberdeck. Und während der deutsche Nikolaus nur seinen Knecht Ruprecht bei sich hat, braucht der Sinterklaas gleich hunderte von Helfern. Die Zahl seiner Assistenten ist mit den Jahren ständig gestiegen, das ist wohl ein Indiz des Wohlstands. Als man 1945 mit dem Spektakel wieder anfing, waren es nur dreißig Knechte. Sinterklaas ritt auf einem Schimmel durch die Innenstadt, und die Knechte winkten von den Ladeflächen alliierter Militärjeeps und warfen tonnenweise Süßigkeiten in die Menge. Die schwarzen Pieten waren 1945 in Wirklichkeit verkleidete kanadische Soldaten.

Inzwischen sind es allein in Amsterdam sechshundert Knechte, die vor und hinter dem Sinterklaas herfahren, auf Bäume klettern und Unfug treiben. Sie sind es auch, die die Geschenke durch den Kamin in die Häuser bringen. Doch man muss genau unterscheiden. Es gibt verschiedene Piete, je nach Einsatz beim Einkauf, Verpacken und Transport der Geschenke. Zudem gibt es einen Chef der Pieten, den sogenannten »Hauptpiet«.

Weniger Schwarz und weniger Knecht

Während die Kinder an Bord unseres Schiffes tanzen und das Boot zum Schwanken bringen und wir Erwachsenen die Finger am heißen Kaffee wärmen, schaue ich mir die Pieten genauer an. Die spannende Frage ist: Wie sehen die Knechte in diesem Jahr aus? Grün oder blau oder in Regenbogenfarben – oder schwarz wie immer?

Seit 2015 haben es die Niederlande eigentlich amtlich. Der »Zwarte Piet« muss verändert werden, hat das UN-Komitee gegen Rassendiskriminierung verlauten lassen. Wie tief eine Tradition auch verwurzelt sei, Diskriminierung könne sie nicht rechtfertigen. Für Menschen mit afrikanischer Herkunft wirke der Zwarte Piet wie ein Überbleibsel der Sklaverei und schade der Selbstachtung von Kindern und Erwachsenen.

Damit nicht genug: Das UN-Komitee ermahnte die Niederländer, die Gegner der alten Tradition zu schützen, damit sie ihre Meinung frei äußern könnten.

Der letzte Rat kommt nicht von ungefähr.

Wer auch immer sich öffentlich gegen den Zwarten Piet ausspricht, kriegt es mit der Volksseele zu tun.

2013 hatten einundzwanzig Amsterdamer unter dem Motto »Zwarte piet is racisme« gegen die Genehmigung des Volksfestes durch die Stadt Amsterdam geklagt. Der Anwalt, der den Klägern juristisch zu Seite stand, zog sich nach Morddrohungen zurück. Er bekam E-Mails wie diese: »Man sollte dich auf ein Sklavenschiff setzen wie deine Vorfahren.« Seine Eltern waren einst aus der früheren Kolonie Surinam in die Niederlande gezogen. Ob Zufall oder nicht: Seine Anwaltspraxis musste kurz darauf Konkurs anmelden.

Auf gewohnt drastische Weise reagierte Geert Wilders. Statt das Kinderfest zu verbieten, solle man lieber die Vereinten Nationen abschaffen. Seine Partei, die PVV, legte einen Gesetzesentwurf vor, der besagte, dass der »Zwarte Piet« »schwarz oder wenigstens dunkelbraun« sein müsse. Sie fanden aber keine Mistreiter bei den anderen Parteien im Parlament.

Die zentrale Frage nach der Farbe berührt auch am heutigen Tag alle im Boot, unter ihnen den achtjährigen Olivier und die neunjährige Lucie, die als Piete verkleidet sind mit bunten Kappen und Kostümen. Sie tragen schwarze Streifen auf den Wangen. Es gibt da feine Unterschiede, die noch Generationen von Kunsthistorikern nach uns beschäftigen werden.

Für Eingeweihte ist klar: Das ist ein Piet, der sich auf dem Weg durch den Schornstein hat schmutzig machen müssen. Er ist nicht weiß, nicht schwarz, nicht gelb: Er ist einfach dreckig. Problem gelöst, könnte man meinen. Aber ein Blick über die Amstel, auf all die tanzenden Piete auf den Dampfern und an den Schleusen, zeigt, dass es so einfach nicht ist. Denn fast alle Piete, die ich sehe, sind pechschwarz und sehen aus, wie sich ein Kinderbuchzeichner vor 150 Jahren einen Schwarzen vorstellte – wie die Kinder von Onkel Tom. Oder anders gesagt: wie Sklaven.

Die Mahnung der Vereinten Nationen ist offenbar auf taube Ohren gestoßen, ebenso wie der Appell des Hauptpieten, Erik van Muiswinkel, ein Schauspieler mittleren Jahrgangs. Der »Zwarte Piet« stamme aus einer rassistischen Zeit, hatte er erklärte. Die Zeit der Unschuld sei vorbei. Es sei Zeit für Veränderungen.

Was macht dieses Kinderfest so heilig, dass es mitsamt seinen Traditionen so vehement verteidigt wird? Warum ist die Diskussion darüber gerade in den Niederlanden eine derart zähe Sache? Schwarze Knechte wären in Ländern mit einer ähnlichen Kolonialgeschichte, wie etwa Großbritannien, völlig undenkbar.

Ingrid hat mir das gestern im Café erklärt. Da konnten wir Klartext reden – zwei Erwachsene unter sich. Denn ihr Sohn Olivier glaubt noch an den Nikolaus und sein Gefolge. Olivier ist acht. Wir wollen ihm den reinen Kinderglauben nicht vermiesen.

Ingrid ist Ökonomin und kommt aus Texel, einer Insel vor der Küste Nordhollands. Zum Studium zog sie nach Amsterdam. Sie hat einen Bubischnitt und ist so blond, wie man nur auf den Inseln blond werden kann. Sie lacht gerne und zeigt ihre weißen Zähne, ist lebenspraktisch und gewitzt. Nach zwei Tassen Kaffee hat sie offenbar genug Vertrauen in mich gefasst. Es ist nämlich nicht so einfach, wenn der innere Kompass auf einmal in Frage gestellt ist.

Die blonde Ingrid wuchs glücklich auf ihrer Nordseeinsel auf. Einmal im Jahr kam Sinterklaas – den sie eher fürchtete –, begleitet von einer Handvoll lustiger Gesellen, den »Zwarten Pieten«, den Kinderfreunden – die sie liebte.

Ingrid nahm die Geschichte in aller Unschuld und im Alter von etwa zwei Jahren auf, wo sie sich direkt im Unterbewusstsein einnistete und fortan für alles stand, was Kindsein ausmacht: Belohnung und Strafe, Warten und Erlösung. Ingrid hatte auch gar keine Chance, dem Sinterklaas-Mythos zu entgehen. Die sonst so emsigen Niederländer haben es beim Nikolaus nämlich nicht eilig. Geschlagene drei Wochen, so will es die Legende, vergehen von Ankunft des Nikolauses mit dem Dampfer aus Spanien bis zum eigentlichen Nikolausfest. Eine Zeit süßer und unerträglicher Spannung – und dann, am Ende, gibt es Geschenke durch den Kamin. Eine magische Zeit.

Ingrid hörte zuerst als junge Studentin von einem Amerikaner, dass ihr freundlicher Kinderglaube an den alten, etwas zerstreuten Nikolaus, der mit dem Schimmel über die Dächer reitet und einen schwarzen Knecht bei sich hat, nicht überall gut ankam. Sie nahm sich das aber nicht zu Herzen, sondern hielt den Amerikaner für etwas überspannt. Es war auch das erste Mal, dass sie jemanden traf, der etwas an ihrer Tradition auszusetzen hatte.

»Als Niederländer stößt du im Allgemeinen nicht auf Antipathien«, sagt sie und schaut mich aufmerksam an. »Das muss für dich als Deutschen anders sein. Aber dieser Amerikaner fand unsere Art, Sinterklaas zu feiern, völlig daneben. Ich nahm das nicht so ernst. Sondern dachte eher, was ist das bloß für ein linker Vogel.« Doch später fiel ihr der Amerikaner wieder ein. »Im Urlaub in Indonesien, unserer früheren Kolonie, spürte ich wieder eine unterschwellige Ablehnung. Nicht gegen mich als Person, sondern gegen mich als Niederländerin. Da kamen mir dann doch Zweifel. Wenn andere Nationen Vorbehalte haben, dann hat das vielleicht doch was mit unserer Geschichte zu tun?«

Jetzt sitzt Ingrid neben ihrem Sohn Olivier auf dem Boot.

Überall winken Kinder – an den Ufern und auf den Booten. An jeder Ecke sind Pieten zu sehen: auf den Schleusen drehen sie sich im Kreis, auf den Ausflugsbooten tanzen sie im Dutzend, und es ist nicht zu leugnen, dass die meisten keineswegs bunt sind, sondern schwarz wie die Nacht.

Offenbar hat sich im stolzen Volk der Niederlande ein kollektiver Trotz, ein »Jetzt-erst-recht-Gefühl« breitgemacht.

Dabei ist die Figur in ihrem Aussehen keineswegs festgelegt. Sie ist immer mit der Zeit gegangen. Der »Zwarte Piet« tauchte zum ersten Mal Mitte des 19. Jahrhunderts auf Zeichnungen auf. Die Niederlande hatten zu der Zeit gerade als letztes Land in Europa die Sklaverei abgeschafft. In den ersten Darstellungen war der »Zwarte Piet« wild und unbeherrscht, riss Possen und sprach unbeholfen. Bis in die 1970er-Jahre hatte er oft eine Rute bei sich, mit der er böse Kinder bestrafte. Doch allmählich wurde der »Zwarte Piet« zum ungemein tüchtigen Kinderfreund und Spaßmacher, der all das ausbügelt, was der alte Nikolaus verschusselt. Nun soll er bunt werden, damit er auch in die heutige gemischte Gesellschaft passt. Doch nun gibt es auf einmal diese enormen Widerstände, die man im Mutterland der Toleranz nicht unbedingt erwartet hätte.

Auf der Suche nach einer Erklärung lande ich bei einem Historiker, der seinen Landsleuten mit Vergnügen den Spiegel vorhält.

Die Gefahren der Selbstglorifizierung

Wir treffen uns im Café De Jaren, da, wo die Amstel in die Grachten mündet und Amsterdam am schönsten ist, mit seinen Treppgiebeln und Patrizierhäusern aus dem Goldenen Jahrhundert – den gut angelegten Gewinnen aus dem Welthandel und dem Werk vieler fleißiger Hände in den Kolonien. Die Niederlande waren Kolonialmacht im heutigen Indonesien, auf den karibischen ABC-Inseln und in einem Teil Guyanas, heute Surinam, einer hochprofitablen Zuckerkolonie. Fünfhunderttausend Sklaven haben die Niederländer aus Afrika in ihre Kolonien gebracht – eines der dunkelsten Kapitel ihrer Geschichte.

Die UNESCO hat Alex van Stipriaan in eine Kommission berufen, die das Schweigen über die Sklaverei durchbrechen soll. Er ist eine Koryphäe auf seinem Gebiet, eine jugendliche Erscheinung trotz seiner gut sechzig Jahre. Es hält offenbar jung, wenn man ein Anliegen hat und sich seine Neugier bewahrt. Und wenn man damit auch andere begeistert. Die niederländischen Professoren, denen ich begegnet bin, sind es offenbar gewohnt, mit Laien über ihr Fachgebiet zu reden.

Alex weiß, wie Fremde sich anfühlt. Er ist in Belgien geboren – das Nachbarland, das aber doch ein anderer Planet ist –, mit zehn Jahren in die Niederlande gezogen, zunächst in den Süden, dann nach Amsterdam. Die ersten Kontakte zu Surinamern und Menschen aus Indonesien weiteten seinen Blick. Nicht überraschend hatten sie andere Helden in der Geschichte.

»Niederländer können unmöglich Rassisten sein«, sagt Alex van Stipriaan und verzieht den Mund zu einem schiefen Lächeln. Er meint das keineswegs als Loblied. Im Gegenteil beschreibt er damit die Fähigkeit seiner Landsleute zur Verdrängung. Alex ist Professor für Karibische Geschichte. Er ist gerade zurückgekehrt von den Kapverdischen Inseln.

Der Historiker meint, dass Menschen im Allgemeinen und seine Landsleute im Speziellen ungern in die eigenen Abgründe blicken. Das liege, so Alex van Stipriaan, an einem paternalistischen Selbstbild: »So oder so denken wir immer, dass wir auf der richtigen Seite gestanden haben. Wir haben die Juden und Hugenotten aufgenommen. Das ist ein Zeichen religiöser Toleranz. In so ein Bild passt nicht, dass wir auch Täter waren. Etwa in dem Krieg, den die Niederlande von 1945 bis 1949 in Indonesien führten. So etwas passt nicht in das Land von Rembrandt.«

An die siebzig Prozent der Niederländer, so schätzt Alex, hätten ein festes Geschichtsbild, das aus den Fünfzigerjahren des letzten Jahrhunderts stamme. Voller Ironie sagt er: »Wir sind ja so bescheiden. Ein kleines Land, so klein, dass wir die Sprachen der anderen beherrschen müssen, weil doch keiner unsere Sprache spricht. Auf dem Globus kann man unser kleines Land kaum finden.«

Das sei aber nur die Fassade, wie bei einem Grachtenhaus. Kein Zierrat am Giebel, sondern Backstein, schlicht. Drinnen jedoch sehe es ganz anders aus. Da konkurriere jeder mit dem Nachbarn um das Schönste und das Beste.

Dann beugt er sich über den Tisch und sagt: »Wir haben unsere Unterdrücker – die Spanier – besiegt und unsere eigene Religion entwickelt. Wir haben unsere Landfläche verdoppelt. Wir hatten den ersten multinationalen Konzern, die VOC, und wir haben immer noch Multis.« Dann sagt Alex, wir sind mittlerweile beim Du, weil es sich gut anfühlt und das Gespräch befördert, diesen Satz, der einiges erklärt: »Es ist schwer, da nicht arrogant zu sein.«

Nicht ihr Fest

Der Dampfer fährt vorweg, durch die Nieuwe Herengracht bis zur offenen Wasserfläche vor dem Schifffahrtsmuseum. Dort tanzen ein Dutzend Piete. Es ist ein derart gelungener Mix aus einfachen Kinderliedern und Rhythmen, dass die Boote wackeln. Schwer, sich der guten Laune zu entziehen, so angefroren wir auch sind.

Ingrid beugt sich über ihren Sohn und schiebt ihm eine klatschnasse Strähne aus dem Gesicht. Der hat nur Augen für die Spaßmacher. Die »Zwarten Pieten« fahren gerade Waterscooter und lassen sich auf Wassersäulen zehn Meter in die Höhe pumpen, während sie sich weiter im Takt wiegen. Sie kommen bis auf ein paar Meter an uns heran. In anderen Ländern hätte die Wasserschutzpolizei längst den Spaß beendet. Es ist feucht, aber auch sehr fröhlich.

Die älteren Kinder, Zoë und Ingrids Tochter Sam, wundern sich leise, dass die Piete noch immer pechschwarz sind. Die kleinen Kinder können indes den Blick nicht von den Zwarte Piete lassen.

»Ohne die Piete wäre hier nix los. Man kann sie nicht abschaffen. Aber den Kindern ist es ziemlich egal, ob sie nun schwarz oder grün sind oder bunt wie ein Regenbogen«, sagt Ingrid. »Warum kann man das also nicht verändern, wenn es für ein Viertel unserer Landsleute belastend ist?«

PS: Alex van Stipriaan sieht die Dinge mit der Gelassenheit des Historikers. »Wenn ein Viertel der Bevölkerung anfängt, das eigene Geschichtsbild zu überdenken, dann ist das schon ein Erfolg.« Die Diskussion um den Schwarzen Piet habe ja gerade erst begonnen.

Korrekturen im Klassenzimmer

Die Niederlande waren schon immer gut für neue Ideen – und häufig sind die eine Reaktion auf große Spannung. So gelungen die Einbürgerungsfeier im Rotterdamer Rathaus auch war, es gibt nicht nur glückliche Einwanderer. Es brodelt ganz gewaltig, vor allem in der jungen Generation.

Wer wüsste das besser als das gemischte Duo Maryam und Elisavieta? Es gibt wohl wenige Menschen, die die Niederlande an der Basis besser kennen als diese beiden Freundinnen. Seit sieben Jahren reisen sie quer durchs Land. Sie nennen sich »Peer Educator« und gehören zu einem Netzwerk von neunhundert Studenten, die in Schulklassen gehen, um Tabu-Themen anzupacken.

»Uns glaubt man eher als den Lehrern«, sagt Maryam. »Wir kommen aus ähnlichen Vierteln wie die Schüler und sind nur ein bisschen älter als sie.«

Ein paar hundert Besuche in »Basisscholen« haben die beiden hinter sich: in Schulen für Einwanderer, aber auch in Schulen, wo die alteingesessenen Niederländer unter sich sind – und in allem, was es dazwischen gibt.

Solch eine Schule »dazwischen« ist die »Protestant-Christelijke–Basisschool« in Leiden. Sie liegt in einer Mittelstands-

Neubaugegend an der Sumatrastraat. Ihr gegenüber steht eine Moschee mit einem schönen grünen Minarett. Heute ist der Tag der »evaluatie«, heute wird sich zeigen, ob die Schüler dreier Klassen gelernt haben, mit heiklen Themen umzugehen wie: »Darf man jemanden zum Spaß einen Homo nennen?« Dabei müssen sie abwechselnd für oder gegen ein Thema argumentieren.

Maryam und Elisavieta haben das »Streiten nach Regeln« mit ihnen geübt. Sie haben ihnen erklärt, was Gleichheit und Toleranz in der Praxis bedeuten. Dass es egal sein sollte, ob ein Mann einen Mann oder eine Frau liebt. Dass es selbstverständlich ist, dass eine Frau einen kurzen Rock tragen darf, und es Privatsache ist, was jemand glaubt.

Das ist nicht so einfach. Zu Hause hören manche Kinder ganz andere Töne.

Maryam erklärt mir den Kulturkampf im Kinderzimmer: »Die einen hören ›Jede Frau mit Kopftuch ist unterdrückt‹. Die anderen hören ›Alle Juden sind Zionisten und hassen Muslime‹.

Wie sollen die Lehrer mit solch krassen Vorurteilen schon bei Zehnjährigen umgehen?«

Maryam und Elisavieta sind Expertinnen für dicke Bretter vor dem Kopf. Wenn sie kommen, überlassen ihnen die Lehrkräfte gern das Klassenzimmer, denn das, was die beiden jungen Frauen an Biografie mitbringen, findet man nicht im Lehrplan.

Die eine ist Jüdin, die andere Muslima.

Maryam trägt ein grünes Kopftuch, ein knöchellanges Gewand und schwarze Pumps. Und einen Schal mit langen Troddeln. Sie ist achtundzwanzig Jahre alt, hat Mann und

Kinder und ein Lachen, das tief von innen kommt. An der Erasmus-Universität büffelt sie für ihren Master in Jura.

Elisavieta ist zierlich, trägt die lockigen braunen Haare bis auf die Schulter. Das schwarze Strickkleid geht ihr bis knapp übers Knie. Sie ist in Russland geboren und lebt seit zehn Jahren in den Niederlanden. Beide sprechen makelloses Niederländisch mit einem Hauch von Rotterdam, der Stadt, die sie lieben.

Mal kommen sie nur für eine Stunde in die Schulen, mal für mehrere Tage, wenn es um die besonders schwierigen Themen geht, wie etwa den Zweiten Weltkrieg und seine Folgen oder die Gründung des Staates Israel als Heimstatt aller Juden.

»Wenn wir in Klassen mit einem hohen Anteil Einwandererkinder das Thema Holocaust erwähnen«, sagt Maryam, »dann kann es passieren, dass die Hälfte der Schüler darüber nicht reden will: Der Holocaust, so sagen sie, sei reine Propaganda.« Es falle vielen Kindern schwer, Juden als Opfer zu sehen. Von klein auf hätten arabische Sender und Eltern ihnen eingetrichtert, dass Juden die Bösen im Nahostkonflikt sind.

Wer ist verliebt in ein Mädchen?

Wenn Maryam und Elisavieta vor die Klassen treten, kommt häufig auch Diana mit: Diana ist schlank und großgewachsen, mit langen blonden Haaren, einem Mund, der zum Lächeln neigt, und einer Brille vor den klugen Augen. Sie ist lesbisch.

Auf einem Video ist zu sehen, wie Diana höchstpersönlich eine Schamgrenze bricht. Sie steht vor einer Klasse, dann fragt sie: »Wer ist verliebt in ein Mädchen?« Zwei der etwas größeren Jungs heben nach kurzem Zögern den Finger. Pause. Dann macht auch Diana einen Schritt nach vorn und hebt die Hand. Die Überraschung in der Klasse ist gewaltig, gelinde gesagt.

»Aber wenn das erst mal ausgesprochen ist, kommen sofort die Fragen: Hast du eine Freundin? Seit wann weißt du, dass du lesbisch bist? Bist du damit geboren?«

Ein Junge fasst sich ein Herz und fragt: »Bist du richtig verliebt oder nur geil?«

Diana lacht und antwortet: »Ja, ich bin richtig verliebt, und das seit zweieinhalb Jahren.«

Maryam, Elisavieta und Diana sind Mitarbeiterinnen von »Diversion«, einem Amsterdamer Unternehmen, das sich im Untertitel »Büro für gesellschaftliche Innovation« nennt. »Diversion« wird von Schulen beauftragt, um Jugendliche durch echte Begegnungen an die neue Vielfalt zu gewöhnen. Dafür hat »Diversion« in den zehn Jahren seines Bestehens einen Preis nach dem anderen gewonnen – und sie hätten nichts dagegen, wenn es in anderen Ländern Nachahmer gäbe. Die Philosophie ist und bleibt, einer bis dahin abgelehnten Minderheit ein Gesicht zu geben.

Für einige Schüler kann der erste Kontakt mit einem »echten Juden« regelrecht eine Offenbarung sein – und umgekehrt für den »Peer Educator« eine ziemliche ernüchternde Erfahrung. »Wir treffen regelmäßig auf Schüler, die tatsächlich glauben, dass Juden mit Hörnern geboren werden«, sagt Maryam.

Manche Schüler kämen dann auch erst nach dem Unterricht mit ihren Fragen zu den »Peers«.

»Sie sind unsicher geworden über das, was sie zu Hause hören, möchten aber vor der Klasse nicht ihre Eltern bloßstellen«, sagt Elisavieta und berichtet von einer jungen Niederländerin, deren Mutter aus Tunis komme, der Vater aus Kairo, wo das Mädchen häufig die Ferien verbringe. Was sie da über Juden zu hören bekomme, sei hart. Was genau die Verwandten in Kairo sagten, wolle das Mädchen nicht wiederholen, das sei ihr peinlich, jetzt, wo ihr mit Elisavieta eine leibhaftige Jüdin gegenübersitze.

Elisavieta und Maryam zeigen den Schülern gerne Szenen aus einem britischen Dokumentarfilm über Israel, in dem auch die Friedensbewegung des Lands vorkommt: Ein Rabbi, der sich gegen den Zaun ausspricht, der Israel von den besetzten Gebieten trennt, eine Jüdin, die gegen die Zerstörung eines palästinensischen Hauses demonstriert.

»Das nehmen sie dann mit nach Hause. Plötzlich gibt es für sie nicht mehr *die* Juden. Was Jugendliche wirklich brauchen, ist jemand, der sie ernst nimmt. Überall werden sie nur vollgestopft mit Vorurteilen. Wir hören erst mal zu, aber dann gehen wir auch keinem Streit aus dem Weg«, erklärt Maryam ihr Arbeitsprinzip.

Elisavieta pflichtet ihr bei. »Du musst erst mal nur zuhören und alles aufnehmen wie ein Schwamm. Du darfst das nicht persönlich nehmen. Du bist wie eine Mauer, die zufällig Ohren hat.«

Die Jüdin Elisavieta, die Muslima Maryam und ich sitzen etwas erhöht in der Aula der protestantisch-christlichen Grundschule in Leiden, wir trinken Cappuccino und schauen zu, was drei Stunden Unterricht à 45 Minuten bei diesen Schülern der achten Klassen bewirkt haben.

»Het zou ook nog een beetje pittiger kunnen«, sind die beiden sich einig: Es könnte noch mehr zur Sache gehen, mehr unter die Oberfläche, sagen die beiden Profis, die das schon ein paar hundert Mal erlebt haben. Aber heute sind sie nur Beobachter, die Moderation übernimmt jemand anderes.

Die Zwölfjährigen aus vielen verschiedenen Herkunftsländern debattieren zumindest mit großem Ernst und viel Vergnügen die Frage, ob man jemanden zum Spaß Homo nennen dürfe. Die Schüler kommen übrigens mehrheitlich zu dem Schluss, dass es auf den Kontext ankomme, ob »Homo« ein Schimpfwort sei oder möglicherweise auch einfach nur eine korrekte Beschreibung. Ein Junge, der aussieht wie Harry Potter, hat einen großen Lacherfolg, als er sagt: »Wir sind doch alle Homo« – und nach einer gut gesetzten Pause hinzufügt: »Homo sapiens.«

Maryam besuchte zu Hause im Stadtteil Delfshaven in Rotterdam, wie sie mir erzählt, auch eine nahegelegene christliche Basisschool, nicht die islamische, und das nicht nur aus praktischen Gründen. »Wenn wir schon hundertachtzig Nationen sind, dann können wir doch wenigstens zusammen zur Schule gehen und sollten uns nicht in unserer Ecke verstecken.«

Eins gibt sie mir noch mit auf den Weg: Nicht nur Muslime haben Scheuklappen. Maryam kommt in Schulen im Speckgürtel von Amsterdam, da haben die Schüler noch nie mit einer Muslima gesprochen. Für ein Land, in dem jeder jeden kennt, gibt es dann doch noch erstaunlich viele Mauern.

Achtes Kapitel

Freiräume

Über ein Land, wo es zu allem auch das Gegenteil gibt.
Wo Platzhalter und Hausbesetzer sich die Waage halten.
Wo Vordertür und Hintertür nicht zusammenpassen.
Wo vieles geduldet wird, was anderswo verboten ist.
Und weshalb darin auch Freiheit liegt.

Die Niederlande sind immer noch das Mutterland der Toleranz. »Moet kunnen« gilt weiterhin. Es gibt Freiräume, von denen man in anderen Ländern nur träumen kann. Etwa zu lieben, wen man will, mit Sex Geld zu verdienen – und das Recht auf einen Rausch. Das alles versehen mit den nötigen Einschränkungen.

Es hieße die Niederlande misszuverstehen, wenn man daraus folgern würde, das Land sei das Reich der Freiheit. Dafür steckt den Bewohnern der Calvinismus mit seinen vielen Regeln zu tief in den Knochen. Doch das Zusammenleben der verschiedenen Weltanschauungen in einem übersichtlichen Land erforderte eine pragmatische Toleranz. Es hätte niemandem genützt, auf die Einhaltung von Glaubenssätzen außerhalb der eigenen Anhängerschaft zu pochen. Anders als die großen Nachbarn im Osten erkämpften sich die Niederländer ihre Freiheit, indem sie die Habsburger aus dem Land warfen und die Religionsausübung zur Privatsache erklärten. Die Erfolgsformel im achtzigjährigen Kampf gegen die spanischen Fremdherrscher war: Selbstbestimmung und Gewissensfreiheit.

Seither leben Protestanten, Katholiken, Juden, Liberale und Sozialisten – Muslime nicht zu vergessen – in diesem Land, und keine der Gruppen kann die anderen wirklich dominieren. Aus der Not heraus entstand Toleranz – leben und leben lassen – und Achtung vor dem, was dem anderen heilig ist.

Genau dieses Nebeneinander macht das Land so liebenswert.

Es gibt keinen Gleichschritt. Es gibt Moralapostel und Liberale, es gibt brave Bürger und Genießer, Geschäftemacher und Weltverbesserer, die Homoehe (die Niederlande haben sie als erstes Land der Welt ermöglicht) – und in der Mitte des Landes sogar einen »Bibelbelt«, wo die Lehrerinnen lange Röcke tragen und Fernseher verpönt sind. Eine halbe Million Pietisten leben zwischen Overijssel und Zeeland. Sie lehnen Impfungen ab und spielen am Tag des Herrn kein Fußball. All diese Gruppen haben intern ihre eigenen Regeln, und dann gibt es noch generelle Übereinkünfte.

Denn das Nebeneinander braucht Regeln – und Niederländer, so mein Eindruck, machen gerne Regeln. Wenn die Regeln erst einmal ausgehandelt sind, darf gelebt werden.

Um die Freiheit wirklich genießen zu können, muss man die Limits kennen: Wie viele Hanfpflanzen darf ich in meinem Garten haben? Ab wann muss ich mit Räumung rechnen, wenn ich ein Haus besetzt habe? Und welche Art von käuflichem Sex kostet mich eventuell meine Stellung, ob Mann oder Frau?

Wenn man vom Mond aus ein Hörrohr auf Europa richten würde, dann würde es in diesem Land ständig summen. Fast alle Fragen werden öffentlich diskutiert, und es findet sich im Zweifel immer eine pragmatische Lösung. Und wenn ein Politiker den Sittenwächter spielt und das Rotlichtviertel halbieren will oder den Verkauf von Haschisch an Touristen verbieten, dann kommt er nicht weit, sosehr er sich auch anstrengt. Oder wie eine Freundin gerne sagt: »Wir sind schließlich immer noch in den Niederlanden.«

Frei wohnen

Hier draußen am Rand von Amsterdam, in diesem ehrwürdigen Bürgerhaus mit den dunkelgrünen Sprossenfenstern direkt am Kanal, wohnt ein Hausbesetzer der neuen Art. Er sieht nicht ganz so aus, wie man sich einen Hausbesetzer etwa in Berlin vorstellen würde. Das Haus sieht auch nicht so aus. Es gibt da gewisse Unterschiede. Hier finden sich keine Graffiti, und am Briefkasten steht der volle Name.

Es dauert, bis Bart an der Tür erscheint. Die Wege sind lang. Das Anwesen hat zwei Etagen, Eichenböden und ein Dutzend Zimmer. Bart ist Student der Betriebswirtschaftslehre und gehört zu der Generation, die sich zum Vorstellungsgespräch nicht groß umziehen muss. Jetzt am Vormittag, er hat gerade ein paar Stunden Hausputz hinter sich, trägt er Jeans, Jumper und Turnschuhe. Man könnte ihn sich auch im Jackett vorstellen, und dann würde er vielleicht noch ein bisschen besser hineinpassen in dieses kleine Palais am Rande der Stadt.

Im Wohnzimmer hängt ein Druck von Andy Warhol über dem hellen Stoffsofa, auf dem Couchtisch steht ein silberner Kerzenleuchter, auf der Anrichte eine Auswahl von Sherry, Gin und Wodka, und der Lesesessel ist so breit, man könnte auch zu zweit darin sitzen. Es ist nicht übertrieben warm in der Villa, dreihundert Quadratmeter sind nicht leicht zu beheizen.

Bart hat das Haus eher belegt als besetzt. Bart ist ein Platzhalter. Als solcher hat Bart einige Regeln schlucken müssen, auf die er unter anderen Umständen wahrscheinlich gut hätte verzichten können. Dazu gehört, dass die Wohnung immer schön geputzt und aufgeräumt sein muss. Dass der Verwalter immer kommen kann, auch ungekündigt und wenn Bart gerade nicht da ist. Dass Haustiere verboten sind und Rauchen sowieso. Was allerdings nicht im Vertrag steht, ist »angemessene Möblierung« und »Begrünung«. Solche Verträge gibt es bei anderen Agenturen.

Das Geschäft dieser Vermittler läuft gut. Ironischerweise tragen ausgerechnet die klassischen Hausbesetzer dazu bei, dass es viele Kunden gibt, die das Motto der Firma »Camelot« anspricht, das draußen neben der Tür im Fenster hängt: »bewaking door bewoning«, auf Deutsch »Bewachung durch Bewohnen«.

Ohne Kraker, also »richtige Hausbesetzer«, würde Bart hier nicht wohnen.

»Beide Gruppen hängen eng miteinander zusammen, sind aber grundverschieden«, sagt Bart. »Kraker besetzen Häuser ohne Erlaubnis. Wir dagegen wohnen hier auf Bitte des Besitzers. Wir sind Anti-Kraker.«

Bei einer Tasse Tee im Wohnzimmer holt Bart ein bisschen weiter aus. Wenn ein Haus länger als ein Jahr leer steht, ist der Besitzer gesetzlich verpflichtet, einen Nutzer zu finden. Kommt er dieser Pflicht nicht nach, verliert er zwar nicht automatisch sein Eigentum. Es kann ihm aber passieren, dass ungefragt fremde Leute in sein Eigentum einziehen, indem sie es besetzen. So kann man den Satz »Eigentum verpflichtet« auch auslegen, denke ich im Stillen – und ziehe mal wieder den Hut vor der Unerschrockenheit niederländischen Denkens.

Wenn diese neuen Bewohner beweisen können, dass das Haus vor ihrem Eindringen zwölf Monate oder länger ungenutzt war, wachsen ihnen im Laufe der Zeit selbst gewisse »Hausrechte« zu. Sie können nicht mehr so einfach vor die Tür gesetzt werden. Die Gerichte würden jedenfalls keine Räumung erzwingen, wenn dem Haus nach der Räumung wieder Leerstand droht.

So funktionieren die Niederlande: Im Dreieck zwischen Grundbesitz, Wohnungsnot und bürgerlichem Ungehorsam regeln sich die Dinge auf wundersame Weise von selbst. Dazu gehört auch ein gewisser Respekt für die andere Seite.

Bart in seinem Lesesessel versichert mir, dass er persönlich rein gar nichts habe gegen die Kollegen mit dem Kuhfuß, dem Symbol der frühen Kraker – und es ist ihm abzunehmen, so ernsthaft wie er das sagt. Kraker und Anti-Kraker seien für ihn nur zwei verschiedene Spezies von Wohnungssuchenden.

»Das sind nicht die Guten und die Bösen. Die einen sind Platzhalter, die verhindern, dass leerstehende Häuser von Krakern besetzt werden. Kraker hingegen fragen nicht nach. Die besetzen einfach. Aber beide Gruppen haben ihren Platz in der Gesellschaft.«

Während wir im Wohnzimmer sitzen (und ich innerlich beginne, es mit meinen Möbeln einzurichten), kommt der Inspektor. Er trägt den schönen Namen Bas van Engeland, und daran, wie er klingelt, merkt man schon, dass er es eilig hat. Bart muss sich, wie jeder Anti-Kraker, eine monatliche Visite gefallen lassen. Bart wohnt seit anderthalb Jahren hier, das macht also achtzehn Visiten.

Anderthalb Jahre ohne Kofferpacken – das ist für einen Anti-Kraker schon eine halbe Ewigkeit. Die Verweildauer liegt sonst zwischen einem und acht Monaten. Was der Inspektor wissen will, ist, ob das Objekt noch in Ordnung ist, die Küche aufgeräumt, der Teppich ohne Brandflecken und der Stromverbrauch im Rahmen.

Bas van Engeland ist schon länger Inspektor der Vermittlungsgesellschaft, ein großer schlanker Mann von etwa dreißig Jahren, fast kahl auf dem Kopf und dynamisch federnd in den Beinen. Er hat einen schwarzen Aktenordner unter den Arm geklemmt und notiert sich den Zählerstand in dem kleinen Kabuff neben der Küche. Wenn der Verbrauch im Rahmen liegt, gibt es Pluspunkte.

Suchend und prüfend geht Bas von Engeland durch die Räume, schaut sich den Parkettboden an und streicht mit dem Finger über die Regale. Das ist mehr als nur der Besuch eines Hausmeisters. Bart wird benotet. Überhaupt geht es hier viel um Wohlverhalten. Ein Platzhalter ist eben nur ein Platzhalter. Eines Tages wird Bart weichen müssen aus der Villa am Kanal. Dann braucht er umgehend eine neue Bleibe.

Bas van Engeland winkt schon mal mit neuen Möglichkeiten. Das macht er blendend. So wie er es erzählt, wird aus den offensichtlichen Nachteilen des Platzhalter-Lebens – kurze Kündigungsfrist und ständige Unsicherheit – eine Chance. Wohnungssuche wird zur Lotterie.

»Wir suchen nach Abenteurern, die bereit sind, schnell

ihre Koffer zu packen. Ein Monat Kündigungsfrist. Aber es ist doch spannend. Das nächste Objekt kann eine leere Kirche oder eine Mühle sein. Da fällt die Auswahl schwer.«

186 Euro kosten Bart die zwei Etagen im Monat. Er teilt sie sich mit seiner Freundin, die, statt den Inspektor zu begrüßen, lieber an der Universität eine Vorlesung besucht. Die Summe deckt grade die Nebenkosten. Der Besitzer will ja an Bart und Konsorten auch kein Geld verdienen. Er will nur keine Kraker.

Bei solch einem Angebot, überlege ich, müsste die Warteliste eigentlich von hier bis nach Belgien reichen.

Doch Bart van Engelands Firma kennt keine Warteliste, auf der man sich langsam nach oben arbeitet.

»Wir stellen ein Objekt ins Internet, dann sammeln wir Interessenten, und dann gucken wir uns die Leute sehr genau an, wir screenen sie und entscheiden daraufhin.«

Bart darf übrigens aufatmen – der Inspektor hat nichts zu beanstanden.

Nicht fragen und nicht zahlen

Wen immer ich frage: Eigentlich ist kraken reine Nostalgie, sagt etwa Freund Rob, der als Franziskanermönch durchaus Sympathien für die Mühseligen und Beladenen der Gesellschaft hegt. 2010 hat die damalige rechtsliberale Regierung in Den Haag das Kraken gesetzlich verboten. Wie man lesen konnte, waren die großen Städte wie Den Haag, Haarlem, Rotterdam und Amsterdam nicht sehr glücklich über das Verbot. Dennoch wurden etwa in Amsterdam dreihundert Häuser geräumt, nur wenige blieben übrig.

Es gab einmal über eintausend besetzte Häuser allein in Amsterdam. Das war in den Achtzigerjahren, und wenn man »Häuser« sagt, so sind in den Zahlen darin auch ganze Industriekomplexe enthalten wie der grafische Großbetrieb »Tetterode« mit seiner vierzig Meter langen Straßenfront im Jugendstil an der Bilderdijkstraat.

Damals vom Abriss bedroht, steht er heute als besonders gut erhaltenes Exemplar der Industriekultur unter Denkmalschutz. Die Besetzer wurden Bewohner und zahlen inzwischen Miete. Ihre Wünsche und ihre Eigenarbeit flossen ein in den Umbau der alten Fabrikanlagen. »Tetterode« in Amsterdam-West war damals übrigens die Adresse meiner Mitfreiwilligen Barbara, die aus unserem Kirchturm auszog, um sich in das Amsterdam der Achtziger zu stürzen.

Nun war das Kraken jedoch, wie gesagt, verboten worden. Doch Totgesagte leben länger. Ein Polizeikommissar hatte 2010 halb amüsiert, halb resigniert in einer Zeitung gesagt: »Kraken wird es so lange geben, wie es leerstehende Häuser und Menschen ohne Wohnung gibt.«

Er sollte recht behalten.

Und diesmal trifft es ausgerechnet die alte Grundschule bei Rob um die Ecke, in Amsterdam-West.

Die Hausbesetzer laden zum Tee am Samstagnachmittag ein.

Wenn der Schlüsseldienst zu Hilfe kommt

Amsterdam-West, etwa fünf Kilometer vom Zentrum entfernt, ist ein Durchgangsviertel. Erst wohnten hier seit 1900
die Arbeitsmigranten der Jahrhundertwende, Katholiken aus
dem Osten des Landes. Gegen 1980 kam dann eine neue Welle
von Zuwanderern, diesmal aus der Türkei und Marokko. Die
Bewohnerschaft wechselte. Es gibt viel Grün, Kopfsteinpflaster
und Spielplätze. Mittendrin eine aufgelassene Kirche, die erste
Betonkirche der Niederlande, in der mein Freund Rob früher
manchmal predigte, bis die Mauerbrocken aus der Decke fie-
len und das Gebäude geschlossen wurde. Zeitweilig diente die
Kirche als Klettergebäude. In dem bröseligen Stein und mit
einem Helm auf dem Kopf ließ sich vortrefflich für poröse
Berge wie die Drei Zinnen in den Dolomiten üben.

Um die Ecke dann die katholische Grundschule, die leer
stand, bis eines Tages Daniel und Suzanna an der Klinke rüt-
telten.

Als wir nun klingeln, dauert es ebenfalls ein ganze Weile, bis
sich an der Vordertür etwas regt. Das Gebäude ist groß, und
erst wollten die Kraker wohl auch wissen, wer da klopft, und
haben uns von einem der oberen Zimmer aus begutachtet.
Dann öffnet Daniel die Tür und bittet uns ins Haus. Daniel
ist einer von zwanzig Bewohnern. Ein großgewachsener, ge-
lassener junger Mann und gelernter Krankenpfleger, der sich
gerne an den Tag des Einzugs erinnert, der so ganz anders ab-
lief, als man sich eine Hausbesetzung vielleicht vorstellt.

Daniel zeigt auf das Fahrrad mit dem großen Lastenkorb,

ein sogenanntes »bakfiets«, das rechts neben dem Eingang aufgebockt steht.

»Hier seht ihr unseren Umzugswagen. Wir brauchten für den Anfang gar nicht viel, zwei Matratzen und einen Stuhl obendrauf. Die Schule hatten wir schon länger im Blick.«

»Müsst ihr euch hier verrammeln?«, will ich wissen.

»Nein, aber wir passen schon auf.«

»Wie seid ihr ins Haus gekommen?«

»Wir haben einfach den Schlüsseldienst angerufen. Die haben uns die Tür geöffnet und ein neues Schloss eingebaut.«

Daniel führt uns durchs Haus. Ein ehemaliges Klassenzimmer im Erdgeschoss haben sie zum Wohnzimmer umgebaut. Drei Sofas stehen in U-Form am Fenster. Es gibt eine gemeinsame Bibliothek, einen Esstisch, eine hölzerne Küchenzeile Marke Eigenbau und einen Gasboiler, den sie selber installiert haben. Unwillkürlich rutsche ich in die Rolle des Inspektors und frage nach Wasser, Strom und Gas.

»Doch, doch«, sagt Daniel »wir sind angemeldet und zahlen unsere Rechnungen.«

Während Daniel das Projekt freundlich und verbindlich nach außen hin vertritt, ist Suzanna der politische Kopf der Gruppe. Sie ist Anfang zwanzig, hat lange blonde Haare bis auf die Hüften, eine melodische Altstimme und studiert Umweltmanagement. Sie spült gerade Becher in der Küchenecke. In Kopfhöhe hängt ein Schild über dem Abwaschbecken. »Eerst de afwas, dan de revolutie« – »Erst der Abwasch, dann die Revolution«.

»Ist das euer Motto?«

Suzanna verzieht den Mund zu einem leisen Lächeln, und

die Antwort kommt dann wie aus der Pistole geschossen: »So viele Revolutionen sind daran gescheitert, dass der Abwasch liegen blieb. Das wollen wir verhindern.«

Anzunehmen, dass sie diese Frage schon häufiger gehört hat.

Oben im ersten Stock passieren wir weitere Klassenzimmer. Die Namen der Lehrerinnen stehen noch an der Tür: Gruppe 6A wurde von Emine und Naime unterrichtet. Dort wohnt jetzt Daniel.

Der Rundgang ist schnell abgehakt, zumal alle Zimmer belegt sind und so aussehen, wie Studentenbuden nun einmal aussehen – und wir auch nicht zu neugierig sein wollen.

Beim Gang durch die alte Grundschule wird uns auch klar, warum die Kraker hier auf so wenig Widerstand gestoßen sind und die Schulverwaltung keine Räumung beantragt hat. Sie kamen offenbar wie gerufen. Denn diese kleine katholische Grundschule mit nur sechs Klassen war zu klein geworden.

»Die Stadt weiß nicht so recht, was sie mit diesen Gebäuden anstellen soll«, sagt Daniel. »Wir haben Kontakt zum Sachbearbeiter, und es sieht nicht schlecht für uns aus.

Wir würden hier viel Arbeit reinstecken, wenn wir im Gegenzug einen Mietvertrag bekämen und eine Perspektive für fünf Jahre.«

Während Daniel das Haus erklärt, haben Suzanna und zwei andere Mitbewohner einen Berg von Pfannkuchen gebacken. Früher oder später gibt es in den Niederlanden immer »pannekoek«.

Über eines ist man sich hier am Tisch einig: Leerstand

ist Sünde! Die Gerichte sehen das ähnlich und ziehen nicht immer mit, wenn die Eigentümer die Räumung verlangen.

Nicht ganz einig sind sich Suzanna und Daniel aber darüber, was sie von ihren Gegenspielern, den Platzhaltern halten sollen.

Daniel ist da eher milde gestimmt. »Wenn man wie die Anti-Kraker als Platzhalter von einem Haus zum anderen zieht, ist das ja menschlich verständlich.«

Suzanna sieht das anders: »Sie sind ja nur die Schachfiguren, die Bauern der Grundstücksspekulanten. Sie wohnen billig und schön, aber das ändert rein gar nichts an der Wohnungsnot.«

Wir berichten von Bart, der mit seiner Freundin zwei Etagen bewohnt. Suzanna nimmt den Ball auf: »Das ist Platzverschwendung ersten Grades. Sie helfen in Wirklichkeit nur den Eigentümern bei ihren Spekulationsgeschäften. Aber wenn man sie darauf anspricht, wollen sie davon nix wissen, so nett sie sonst auch sein mögen.«

Die Diskussion zu diesem Thema ist irgendwann erschöpft, und das Gespräch am Tisch geht um die Zukunft. Die neuen Bewohner der Grundschule in Amsterdam-West hoffen in ihren ehemaligen Klassenzimmern auf das Wohlwollen der Stadtteilverwaltung und einen nicht allzu strengen Winter. Es ist nämlich nicht ganz leicht, diesen Bau aus den Sechzigerjahren warm zu kriegen. Die Fenster haben nur einfaches Glas, und für die Wärmedämmung hatte die Schulbehörde nichts investiert.

Bevor es Zeit wird zu gehen, zeigt uns Suzanna den neu angelegten Garten. Sie hat am Rande der Schulhofs neben der

Tischtennisplatte schon mal ein Zeichen der Hoffnung gepflanzt, das sich bei genauerem Hinschauen als eine Hanf-
pflanze erweist.

Wo die Kinder in der Achterkajüte geboren sind

Wenn es ihnen zu bunt wird, könnten die Skipper der *Franciscus* jederzeit die Leinen kappen und sich neue Nachbarn
suchen. Auch das ist Freiheit. Aber wer gibt schon einen Platz
in der historischen Amsterdamer Altstadt auf, dort wo die
Amstel in die Grachten mündet. Tatsächlich liegt die *Franciscus* bereits seit einem Vierteljahrhundert am Kai – und
mit den Jahren ist aus dem alten Frachtschiff eine schwimmende Vierzimmer-Wohnung geworden, mit schwarzem Un-
terschiff, weißem Deck, gepflegten Blumenkästen, Bullaugen
mit Milchglas, Kapitänshäuschen aus lackiertem Holz und
einer eigenen Veranda zum Frühstücken.

Die *Franciscus* hat über einhundert Jahre auf dem Buckel,
und einmal wäre sie fast untergegangen, obwohl Ines und ihre
Familie alles tun, um den Oldtimer zu pflegen.

Die Sonne scheint, es ist früh am Morgen, und die drei
Kinder Ole (10), Bine (14) und Daniel (16) sitzen oben auf
Deck und essen flüssigen Pudding, kurz *fla*, mit ein bisschen
Haferflocken. Ines arbeitet als Lehrerin, Wolfgang, ihr Mann,
wird sich gleich in die Vorderkajüte zurückziehen, um Saxo-
phon zu spielen. Sie lehrt Französisch, er ist Jazzmusiker. Vor

zwanzig Jahren lernten sie sich in einer Kneipe um die Ecke in der Utrechtsestraat kennen, die siebenundzwanzig verschiedene Eigner hatte, von denen jeder sein eigenes Bier verkaufen durfte. »Klappte nicht so richtig«, sagt Ines lachend; aber seitdem sind die beiden ein Paar.

Auf den Schiffen ringsherum ist um die Zeit noch niemand an Deck. »Airbnb«, sagt Ines, und es klingt leicht resigniert. Immer mehr Nachbarn vermieten ihre Schiffe an Touristen. Ines und Wolfgang merken es daran, dass es zu allen Tages- und Nachzeiten plötzlich auf ihrem Dach poltert, wenn Gäste nicht gleich das richtige Schiff finden und dann bei ihnen anklopfen. Ines hat nichts gegen Reisende, nur das Geräusch der Rollenkoffer auf Kopfsteinpflaster weckt sie manchmal in der Nacht.

Die Kellers sind zu fünft auf dreißig Metern Länge und – an der dicksten Stelle – vier Metern Breite. Die jüngeren Kinder, Ole und Bine, sind in der Achterkajüte geboren, Daniel an Land. Manchmal ist es ein bisschen eng an Bord, aber dafür gibt es andere Vorteile.

»Auf dem Boot zu wohnen, bedeutet mehr Freiheit, eine gewisse Nähe zur Natur. Gut, wir haben keinen Garten. Aber den haben andere Großstädter auch nicht.«

Notfalls könnten sie sich einen kleinen schwimmenden Garten ans Boot hängen, so wie es der Nachbar jenseits der Brücke vormacht.

Hier am Wasser treffen sich zwei Welten. Vereinfacht gesagt, stoßen die Nachkommen der Hippies auf junge, erfolgreiche Städter, die Yuppies – und das führt zu Reibereien. Die Wohnschiffer, von denen es allein in Amsterdam etwa dreitausend gibt, zahlen für einen Liegeplatz etwa tausend Euro im Jahr und sind an Gas, Wasser, Strom und die Abwasser-leitung angeschlossen. Die Häuser an den Grachten dagegen sind mittlerweile alle Millionenobjekte – und wer so viel fürs Wohnen ausgibt, will gerne freien Blick aufs Wasser.

»Es gibt eine alte Regel, noch von 1652. Der Amsterdamer Stadtrat hat damals bestimmt, dass niemand permanent auf den Grachten wohnen darf«, sagt Ines. Wohl lebten die Frachtschiffer mit ihren Familien dort, aber nur zweitweise. Das änderte sich 1950. Die Wohnungsnot war groß, und so drückte die Stadt ein Auge zu.

Die alte Regel wollen jetzt einige Hausbesitzer nutzen, um die Wohnboote zu vertreiben – und es gibt auch im Rathaus Beamte, die Amsterdam gerne »aufwerten« wollen. Ines will sich dem nicht beugen. »Eigentlich müssten wir Geld bekommen von der Gemeinde, als Touristen-Attraktion.«

Während wir auf dem Oberdeck sitzen, von Touristen fotografiert werden und Kaffee trinken, holt Ines ein altes Fotoalbum aus der Kajüte – von einer Fahrt der *Franciscus*, die leicht die letzte hätte sein können. Laut Gesetz müssen Wohnboote alle sechs Jahre auf die Werft. Die liegt etwa zehn Kilometer vom Liegeplatz in Amsterdam entfernt. Aber mit all den Brücken und Schleusen dauert die Fahrt einen halben Tag. Dann wurde es spannend.

»Das Schiff lag im Trockendock aufgedockt auf Böcken. Die Sonne schien, und wir waren ganz begeistert, unser neues Zuhause mal von unten zu begutachten. Ein Werftarbei-ter spritzte mit Hochdruckreiniger die Muscheln weg – und plötzlich regnete es aus dem Schiff heraus.« Den Schrecken merkt man Ines noch zwanzig Jahre später an. Sie hatten eine Rostlaube gekauft, die auch im Hafen hätte sinken können.

Zwanzig Meter Schiffswand mussten erneuert werden. Der Vorbesitzer zahlte ohne zu murren.

Doch jetzt ist die *Franciscus* fit für die nächsten einhundert Jahre.

Manchmal gehen die Wohnschiffer frühmorgens in der Gracht schwimmen, direkt vom Boot aus, bevor die Rundfahrtboote ihre Touren machen. Dann wissen sie, dass sie hier niemals wegwollen.

Recht auf Rausch

Wer auf die Idee kommt, die Niederlande auf Rotlicht und Coffeeshops zu reduzieren, tut dem Lande unrecht. Die Themen aber ganz unter den Tisch fallen zu lassen, wäre auch verkehrt. Denn zum positiven Selbstbild der Niederländer gehört es, das unverkrampft zuzulassen, was anderswo verboten ist.

Jeder vierte Amsterdam-Tourist besucht während seines Aufenthaltes einen Coffeeshop. Das sind die Etablissements, in denen man zum Joint auch einen Kaffee bekommt. Allen Gerüchten zum Trotz florieren die Coffeeshops. Es gibt etwa sechshundert im ganzen Land (Stand 2016), und der Umsatz der Branche liegt bei einer Milliarde Euro.

Es ist kein Geheimnis, dass die Nachbarländer Frankreich, Deutschland, aber auch Schweden mächtig Druck machen gegen diese Art von Liberalität. Doch Niederländer wären schlechte Kaufleute, würden sie sich solch eine Marktchance nehmen lassen. Und politisch finden sie Offenheit generell besser als Heimlichkeiten im Hinterzimmer.

Die niederländische Drogenpolitik ist weltweit ziemlich einmalig und besteht aus einem Gemisch von viel Duldung und wenig Kontrolle. Meistens kneift der Staat beide

Augen zu, aber ab und zu wirft er einen strengen Blick auf die Szene – und dann statuiert er ein Exempel.

Solch ein Exempel ist Jaap vom Coffeeshop »Homegrown Fantasies«. Im Mai 2012 lehnte er noch im Türrahmen, zeigte seine muskulösen tätowierten Oberarme und schaute gelassen dem Treiben auf dem Nieuwezijds Voorburgwal im Zentrum von Amsterdam zu.

Ein paar wetterfeste Tische und Stühle standen auf dem Trottoir. Meistens saßen dort unter der Markise ein paar Traveler aus aller Herren Länder und bauten sich gerade eine Tüte: Sie vermischten holländischen Shag-Tabak mit Marihuana, klebten mehrere Zigarettenpapierblättchen zu einem Trichter zusammen, stopften die Mischung hinein und zündeten sie an.

Dann wehten süßliche Schwaden über den Bürgersteig, und wer jemals unter die Kiffer gegangen ist, weiß, dass bekiffte Menschen kaum jemals laut werden, höchstens heiter, und dass sie einen Heißhunger auf Süßes entwickeln.

Jaap in seinem Türrahmen hielt damals keineswegs Ausschau nach der Polizei. Denn er hatte es ja schwarz auf weiß, auf der Homepage des niederländischen Staates, Stichwort »Drogen«:

Weiche Drogen sind weniger schädlich als harte Drogen.
Darum gelten für sie andere Regeln. So werden Coffeeshops, die unter strengen Auflagen Gras und Haschisch verkaufen, nicht strafrechtlich verfolgt. Das ist der Kern unserer Duldungspolitik.

Und weiter hieß es:

Die Staatsanwaltschaft verzichtet auf die Verfolgung von Personen, die im Besitz kleinerer Mengen weicher Drogen sind. Die Höchstmenge sind fünf Gramm pro Person oder fünf Haschpflanzen.

Jaap und seine Frau Carla lebten damals schon seit zwanzig Jahren vom Hanf – und das nicht schlecht. Der Satz »Hasch macht lasch« galt sicher nicht für sie. Sie verkauften Pot oder Gras, alles, vom Afghanen bis zum Nederweed, der Sorte aus den einheimischen Gewächshäusern, mit der gleichen Geschäftstüchtigkeit wie andere ihren Käse.

Ein Kaufmann kann sich nicht immer aussuchen, womit er handelt. Aber jeder Kaufmann lobt die Qualität seiner Ware. Da machte auch Jaap keine Ausnahme, und er verkaufte dem Kunden dazu noch ein Gefühl, denn Jaap sang das Lied auf die Freiheit: »In anderen Ländern musst du heimlich rauchen und du weißt nie, was du kriegst. Das scheint mir keine gute Politik zu sein.«

Beim ersten Besuch ließen wir die Kamera laufen. Weil aber – wenig überraschend – partout kein Kunde ins Fernsehen wollte, musste Jaaps Gehilfe, ein bildschöner dunkelhaariger Engländer namens Nick mit Dreitagebart, den Käufer mimen. Er kiffte sozusagen dienstlich und beschloss, sich diesmal nicht lumpen zu lassen. Er ließ sich drei Gramm zum Ladenpreis von fünfzig Euro geben.

Es zeigte sich, dass der teuerste Stoff offenbar auch der wirksamste ist. Womit Nick nicht gerechnet hatte, waren die unvermeidlichen Wiederholungen bei Dreharbeiten. Mal stimmt das Licht nicht, dann stört die Hintergrundmusik.

»Könntest du das bitte nochmal machen? Gerade ist ein lauter Lastwagen vorbeigefahren.«

Oder: »Ich bräuchte dich nochmal in der Totalen.«

Nick tat wie gebeten und zündete sich stets einen neuen Joint an, inhalierte tief und blickte dann den Rauchschwaden hinterher. Am Ende des Drehs war er glücklich – und für den Tag weitgehend außer Gefecht gesetzt.

Das Problem mit der Hintertür

Irgendwann begann Jaap, uns sein Leid zu klagen, wie es sich für einen guten Kaufmann gehört. In unserer Familie gibt es das Sprichwort: »Jammern ist das Morgengebet des Kaufmanns.«

Jaap fühlte sich ein bisschen wie ein Paria, denn sein Geschäft war nur zum Teil legal. Der niederländische Pragmatismus grenzt gelegentlich an Chuzpe. Man sollte denken, dass ein Staat, wenn er den Verkauf von weichen Drogen an Privatleute in begrenzten Mengen toleriert, auch den Anbau und den Handel straffrei stellen würde. Tut er aber nicht. Was durch die Vordertür hinausgeht, ist legal. Was durch die Hintertür hereinkommt, ist kriminell.

Lagern darf ein Coffeeshop-Betreiber wie Jaap fünfhundert Gramm. Der Anbau sogenannter weicher Drogen ist und bleibt verboten – und das ab fünf (!) Pflanzen.

Bei dieser Politik des halben Hinschauens und halben

Wegsehens sitzen die Betreiber der Coffeeshops zwischen allen Stühlen. Ihre Ersparnisse können sie strenggenommen nur unter die Matratze legen. Die Banken wollen mit ihrem Geld nichts zu tun haben – und ihnen auch nichts leihen. Wenn man Jaap lange zuhört und er über die üblichen Sorgen eines Selbstständigen spricht – von den Steuern bis hin zur neuen Feuertreppe –, dann ist man kurz davor, das ebenfalls ungerecht zu finden.

Ja, es ist ein Unding, einem Coffeeshop keinen Kredit zu geben.

Tatsächlich sind die Coffeeshops das Scharnier zwischen Welt und Unterwelt, Geld und Schwarzgeld, Legalität und Drogenhandel.

Jaap redet darüber nicht, aber es ist davon auszugehen, dass die Lieferanten an der Hintertür unangenehm werden können. Die Lieferanten sind keine Kleinbauern vom Land, sondern Teil des internationalen Drogenhandels. Immer wieder berichtet das niederländische Fernsehen von illegalen Haschplantagen, in alten Fabrikanlagen oder verborgen auf Schrottplätzen. Sie werden entdeckt, weil die Betreiber illegal Strom abzapfen und die Leitungen unter der hohen Belastung zusammenbrechen – Hanf gedeiht auch bei Kunstlicht. Dann muss die Feuerwehr kommen, um den Brand zu löschen, der durch einen Kurzschluss entstanden ist.

Tatsächlich steht hinter den Coffeshops, von denen es allein in Amsterdam fünfundsiebzig gibt, ein Lieferantennetz, das neben den sogenannten sanften Drogen auch Ecstasy, Kokain und Schlimmeres im Sortiment hat.

Die Stadt Amsterdam möchte deshalb lieber andere Wirtschaftsbetriebe ansiedeln. 2014 hat sie fünfundzwanzig Coffeeshops schließen lassen. Aus dem einen oder anderen Coffeeshop ist mittlerweile ein echtes Café geworden.

»Die sind uns im Nachhinein ganz dankbar, denn endlich sind sie die kriminellen Methoden an der Hintertür los«, sagt Rob Stam, und er lächelt leise. Er ist der Chef eines Programms, das die Altstadt von Amsterdam umkrempeln soll. Rob Stam ist der Koordinator für das »Project 1012«, benannt nach der Postleitzahl des Gebiets in der Amsterdamer Innenstadt, in dem sich die meisten Coffeeshops befinden.

»Wir haben sie formell nicht geschlossen. Wir haben nur einfach ihre Erlaubnis nicht verlängert, die alle zwei Jahre erteilt wird.«

Rob versteht sich nicht als Sittenwächter, und er hat im Prinzip auch nichts gegen Coffeeshops, wenn sie keine »overlast« produzieren, etwa durch Lärm, Falschparker oder indem sie Kriminalität anziehen.

Ein städtischer Beamter merkt auch schnell, dass die Coffeeshops eine beachtliche politische Hausmacht haben. Jedes Mal wenn ein besonders eifriger Regierungspolitiker aus dem christlichen Lager die Coffeeshops an die Kette legen will (etwa, indem der Verkauf an Ausländer verboten wird oder sich alle niederländischen Konsumenten registrieren lassen müssen), dann scheren wichtige und mächtige Städte aus. Als etwa ein landesweiter Bezugspass mit dem schönen Namen »wietpass«, also Gras-Pass, eingeführt werden sollte, sagte Amsterdam einfach nein.

Als Kompromiss musste die Stadt einem anderen Gesetz zustimmen. Und zwar dem, dass Coffeeshops nicht in der

Nähe von Schulen liegen dürfen, das sogenannte »afstands-kriterium«.

Jaap und Carla hatten das Pech, dass ihr Coffeeshop in Sichtweite einer Schule lag. Wie ihnen erging es auch zehn anderen Shops, die im Umkreis von 150 Metern einer Schule lagen.

In der Hanfszene geht die Geschichte um, dass einige zahlungskräftige Coffeeshop-Betreiber versucht haben sollen, das Blatt zu wenden. Sie drehten die Geschichte einfach um. Auf Englisch heißt das »thinking out of the box«. Liegt die Schule zu dicht an den Coffeeshops, heißt das ja nicht unbedingt, dass der Coffeeshop weichen muss. Die Wirte in Sachen Hanf und Gras sollen der Stadt angeboten haben, die Grundstücke in bester Citylage aufzukaufen und die Umsiedlung der Schulen an einen anderen Ort zu bezahlen. Einer der Schulleiter, so hört man, hätte sich mit einem Tapetenwechsel durchaus anfreunden können. Aber offenbar kam die Idee zu spät. »Homegrown Fantasies« musste dichtmachen.

Jaaps Frau Carla sagte bei der Abschiedsparty am 30. Juni 2014 übrigens: »Wir werden immer gefragt, warum wir nach so langer Zeit dichtmachen. Aber wir verstehen es selbst nicht. Kinder werden mit vielem konfrontiert – und nicht immer sind Erwachsene dabei. Sie müssen schon lernen, selber damit umzugehen.«

PS: Hielt man sich in den gemütlichen Räumen bei netter Musik und dicken Schwaden zu lange an einer Tasse Kaffee fest, konnte es passieren, dass Jaap einen vor die Tür setzte. Kostenlos high werden, das sah er nicht gern. Er musste zwischen Kunden und Schnorrern unterscheiden – und bei all den Schwaden in seinem Coffeeshop öfter mal vor die Tür treten, um einen klaren Kopf zu bewahren.

Selbst trank er ohnehin lieber Bier.

Ein Fenster für mich allein

Kaum eine Stadt ist so schön wie Amsterdam in einer warmen Nacht im Mai, wenn offene Boote durch die Grachten der Altstadt gleiten und eine Spur von leisem Gelächter und klirrenden Gläsern hinter sich herziehen.

Mitten in der Altstadt liegt das Rotlichtviertel. Es ist auch im Dunkeln leicht zu finden. Hunderte von Fenstern leuchten in der Nacht – in Rot. Das ist die Zeit für das größte Geschäft von allen, das Geschäft mit der Lust. Das Einzige, was hier verboten ist, ist Fotos zu machen. Da kann einem schnell das Handy aus der Hand geschlagen werden. Überall hängen Piktogramme mit einer durchgestrichenen Kamera, für alle, die nicht lesen können.

Aber es gibt eine, die Einblick gewährt. Ihr Name ist Mariska Majoor.

Wie muss sich das wohl anfühlen, auf diesem Sessel zu sitzen und all die Blicke zu spüren?

An der Tür hängt ein kleines Schild: »Hier mag je ook met zwartgeld betalen« – »Hier kannst du auch mit Schwarzgeld bezahlen.« Als ich klopfe, verlässt Mariska ihren roten Sessel mit den Armlehnen, gleitet elegant zur Tür und öffnet sie einen Spalt breit.

»Stimmt das mit dem Schwarzgeld?«

»Wenn du zu viel davon hast, nehme ich das gerne.« Dann lacht sie: »Nein, natürlich nicht. Wir zahlen Steuern, wie alle anderen auch. Die Prostituierten liefern einen ordentlichen Beitrag ab, und die Bordellbesitzer sowieso. Das mit dem Schwarzgeld ist nur ein Witz.«

Innen ist alles rot: rote Laterne, roter Sessel, roter Samt, roter Teppich. Daneben gibt es einen großen Spiegel, einen Waschtisch, eine lebensgroße Puppe, die eine stattliche Frau im Mieder darstellt, einen Paravent und eine Liege. Mariska hat ihr Zimmer wie ein Bordell vergangener Tage eingerichtet.

Wenn jemand Bescheid weiß über den Alltag der Sexarbeiterinnen, dann ist es Mariska Majoor. Ihre eigene aktive Zeit als »Fenster-Prostituierte« liegt lange zurück. Sie ist eine Art Beraterin: Sie zeigt Neulingen, wie man sich hinsetzt, wie man die Blicke der Vorbeigehenden aushalten kann und dabei potentielle Kunden ins Auge fasst. Prostitution ist auch die Kunst, Menschen zu lesen.

Vor allem aber ist Mariska Majoor das Herz und die Seele von »P.I.C.«, was auf Niederländisch recht eindeutig das edle Teil der Männer bezeichnet. Die Abkürzung steht hier aber für »Prostitution Information Center«.

Die Enge Kerkstraat, in der Mariska ihr Etablissement – halb Café mit selbstgebackenem Apfelkuchen, halb Informationszentrum – betreibt, ist ein Unikum in der Welt. Neben dem P.I.C. findet sich ein Zimmervermieter, mit einem Belegungsplan an der Wand und dem Schild an der Tür »Kamer te huur« – »Zimmer zu vermieten«. Zehn Fenster weiter, kurz bevor man zu den Damen aus Surinam kommt, liegt der Kindergarten »De kleine Wereld«, und gegenüber eine der ältesten Kirchen Europas – wahrscheinlich das einzige sakrale Gebäude Europas, das von Bordellen umringt ist.

Dieses Milieu ist so einzigartig, dass es auch den weltberühmten Schriftsteller John Irving hergelockt hat, als er für sein Buch »Witwe für ein Jahr« in Amsterdam recherchierte.

Irving schrieb zudem ein Vorwort für einen Bildband über das Rotlichtviertel, das in den Niederlanden allgemein unter dem Namen »De Wallen« bekannt ist, weil es zwischen dem Nieuwezijds Voorburgwal und dem Oudezijds Achterburgwal liegt. Darin nennt er Amsterdam und vor allem »de Wallen« in dieser besonderen Mischung aus Kirche, Kindergarten und Fensterbordellen »ein schönes liberales Experiment«.

So kann man das auch sehen, und eine derartige Unterstützung aus prominentem Munde können die Wallen auch gut gebrauchen, denn der Ruf ist anhaltend schlecht und die Stadt Amsterdam seit Jahren damit beschäftigt, ein Bordell nach dem anderen zu schließen. Von ursprünglich vierhundert »Fenstern« sollen nur noch etwa die Hälfte übrig bleiben.

Für die Stadt und einige ihrer führenden Politiker gilt die »Rosse Buurt«, wie das Rotlichtviertel auch heißt, als das Zentrum schwerer Kriminalität schlechthin, weil sich hier alles findet, von Menschenhandel bis hin zu Geldwäsche.

Mariska leugnet die Probleme des Viertels nicht, findet die Schilderungen aber maßlos übertrieben. Sie hat den Beruf als Prostituierte an den Nagel gehängt, doch sie ist im Milieu geblieben. Was sie antreibt, ist die Wut über die abfälligen Blicke. Dem möchte sie gerne etwas entgegensetzen.

»Sie können es sich einfach nicht vorstellen, dass jemand Sex als Beruf ausübt und dabei Spaß hat«, sagt Mariska und schlägt ein Bein über das andere. Sie hat sich dezent geschminkt und trägt die langen dunklen Haare offen.

Draußen ziehen Gruppen von Männern und auch einige Frauen vorüber. Wenn man auf Mariskas Stuhl sitzt, dann ist das ein eigenartiges Gefühl, weil die Blicke sich nicht treffen. Man wird betrachtet und mit Blicken entkleidet, aber fast alle meiden den direkten Blickkontakt. Als ob sie sich schämten und der Person auf dem Sessel diese Scham anlasteten.

»Die Kunden gehen davon aus, dass man als Prostituierte immer ja sagt. Immer wieder höre ich diese Frage: ›Kannst du es dir erlauben, einen Kunden abzulehnen?‹ Als ob ich jeden Idioten mit ins Zimmer nehmen würde!«

Das ist ihr Lieblingsthema. Mariska hat sich etwas in Rage geredet, und ich ertappe mich bei dem Gedanken daran, wie sie in ihrer aktiven Zeit renitente Kunden aus dem Zimmer geworfen hat. Oder den Alarmknopf gedrückt, bis Hilfe kam.

»Wir müssen nicht alles machen, wir können durchaus nein sagen.«

Ihr unbestreitbares Selbstbewusstsein hat Mariska Majoor wahrscheinlich von zu Hause mitbekommen. Sie stammt aus dem Mittelstand. Aus einer gutbürgerlichen, gebildeten Familie in Hilversum, wie ich später, bei einer Feier anlässlich der Neuauflage ihres Buches »When sex becomes work«, feststelle, als ich ihre Eltern und ihre Tochter kennenlerne.

Und Mariska geht ziemlich freimütig mit ihrer Geschichte um. Als Sechzehnjährige wollte sie ihr eigenes Geld verdienen, auch, um sich einen Hund anschaffen zu können. Sie ging heimlich – aber, wie sie sagt, ohne schlechtes Gewissen oder größere Bedenken – in einem privaten Club arbeiten, danach saß sie ein paar Jahre im Fenster in den Wallen. Ein Freund und Beschützer tauchte auf, und nach einer gewissen Zeit, als sie seinen breiten Rücken zu schätzen gelernt hatte, kam Gewalt ins Spiel. Es war mühsam, ihn wieder loszuwerden. Jetzt ist sie Mitte vierzig. Sie selbst hat irgendwann für sich beschlossen, die aktive Sexarbeit an den Nagel zu hängen. Stattdessen ist sie nun ein Sprachrohr der Prostituierten, und manchmal weiht sie sogar Denkmäler ein: Rechts von ihrem Fenster, vor dem Eingang der Ouderkerk, steht eine kleine Figur aus Bronze mit kessem Blick und viel Oberweite: Belle, die Sexarbeiterin. Mariska und andere haben dafür gesorgt, dass Belle einen Ehrenplatz bekommt. Das ist die Art, wie Amsterdam mit seinen Minderheiten umgeht. Wer hat schon gesagt, dass nur Generäle und Dichter auf einen Sockel gehören?

Während es langsam dunkel wird, füllen sich die Wallen. So geht das Abend für Abend. Das Geschäftsmodell funktioniert nicht mehr ganz so gut wie früher, aber immer noch sind die Straßen voll, wahrscheinlich weil es kaum ein Rotlichtviertel in der Welt gibt, das derart sicher ist. Das ist auch Kalkül. Der Hauptzweck des Rotlichtviertels ist, unverändert, den Besuchern auf eine kontrollierte Weise das Geld aus der Tasche zu ziehen. Nichts soll das Geschäft stören. Früher war das die Aufgabe des legendären Maupie, der eigenhändig frische Laken verteilte und über Bordelle und Glückspielstätten herrschte. Doch auch heute geht es ziemlich gesittet zu. Sonst hätte sich nicht das halbe Land getraut, hier seine Unschuld zu verlieren.

Zwangsprostitution

So »netjes«, also sauber und geordnet, es auf den ersten Blick hier zugeht, so sehr ist das nur die halbe Wahrheit. Nebenan im Molensteeg hat man nach einem jahrelangen Prozess gerade zwei ehemalige Zwangsprostituierte zu mehrjährigen Gefängnisstrafen verurteilt, weil sie drei junge Frauen aus ihrer Heimat Ungarn bedroht und ausgenutzt und ihnen die Tageseinnahmen von 9300 Euro abgenommen haben. Es gibt schreckliche Geschichten von moderner Sklaverei, erzwungener Abtreibung, Drohungen gegen die Familie. Die meisten Frauen kommen aus Osteuropa, und es ist die Armut, die sie hierher gebracht hat.

Ein heikles Thema, wenn man mit Mariska spricht.

»Es sind immer die gleichen Geschichten. Das Bild ist

226

falsch. Wo es gut läuft, spricht keiner drüber. Was bedeutet Zwang? Es kann gut sein, dass eine Frau Stress mit ihrem Zuhälter hat. Aber das heißt nicht, dass sie Probleme mit der Arbeit an sich hätte.« So sei das bei ihr auch gewesen.

Mariska Majoor schätzt, dass jede zehnte Sexarbeiterin in Amsterdam unter Zwang arbeitet. Das wären rund zweihundert Opfer. Es gibt andere Schätzungen, die besagen, dass es genau umgekehrt ist: neunzig Prozent Zwang.

Die Grenzen sind fließend.

Wenn eine Prostituierte fünfzig Prozent ihres Verdienstes an den Bordellbetreiber abliefern müsse, so schreibt die Journalistin und Kennerin der Szene Asha ten Broek, und bei Krankheit oder Schwangerschaft keinen Cent verdiene, wenn sie völlig überhöhte Mieten für ihre Zimmer bezahle und sich vertraglich verpflichte, mit ihren Kunden privat keinen Umgang zu pflegen, dann sei das eine Form von Ausbeutung. Aber eben noch kein Zwang. Die eigentliche Hölle liege auch nicht in den Wallen, wo jeder jeden kennt, sondern in der illegalen Prostitution – und vor allem auf dem Straßenstrich.

Die Nonnen vom Straßenstrich

Wie Zwang aussieht, davon konnten die Nonnen ein Lied singen. Zwei Jahrzehnte, von 1982 bis 2002, kümmerten sie sich um die sogenannten Heroin-Huren. Sie versorgten sie mit Kakao und einer heißen Dusche und verkauften Kondome zum Selbstkostenpreis. Es gab Suppe und Pudding und vier Scheiben Brot umsonst. Andrea Koch, eine alte Freundin aus Amsterdamer Zeiten, verbrachte dort in der »Huiskamer« manche Nachtdienste als Freiwillige – und hat mir von Begegnungen mit den resoluten Damen mittleren Alters erzählt, die alles andere im Kopf hatten als ein Leben hinter Klostermauern.

Bernadette van Loon, Bep Uyttewal und Trees Jansen war nichts Menschliches fremd. Sie hatten Pflegeheime geleitet und schwierige Familien unterstützt. Da lag es nah, sich um die vielen jungen, vor allem deutschen Frauen zu kümmern, die an der Nadel hingen und bald auf der Straße landeten.

Dem Staat war diese neue Problemgruppe anfangs herzlich egal. Deshalb legten zehn Ordensgemeinschaften zusammen und kauften 1982 für eine halbe Million Gulden (etwa 250 000 Euro) ein Haus in der Reguliersgracht 21, direkt um die Ecke von der Utrechtestraat, dem damaligen Zentrum des Straßenstrichs. Sie nannten es das Mirjamhuis – Mirjam ist die Schwester von Moses und Aaron, die damals mit ihren Brüdern das Volk Israel aus der Sklaverei durch die Wüste führte.

An der Unmoral störten sie sich nicht. Die drei Nonnen hatten andere Sorgen. Einige der Prostituierten waren durch AIDS geschwächt und körperliche Wracks. Und doch fanden sich immer noch Kunden. »Wir sahen todkranke Frauen früh um fünf mit einem Kunden davonziehen. Da hätten wir diese Männer am liebsten allesamt ins IJsselmeer geworfen«, erzählte Bernadette van Loon der Historikerin Eva Potters in einem Rückblick auf zwanzig Jahre Arbeit am Straßenstrich.

Die Nonnen feierten Weihnachten und Ostern gemeinsam

mit den »Meiden« – und ihre Ordensschwestern in den Klöstern schickten selbstgestrickte warme Schals. »Dass die Meiden daraus schicke sexy Röcke für den Straßenstrich machten, störte uns nicht. Unsere Orden durften das natürlich nicht erfahren.«

Die Frauen, die zu ihnen kamen, hatten keine »Kamer te huur«, keinen festen Sitzplatz mit Dusche und Wechsellaken, und keine Nachbarin nebenan hinter der dünnen Bretterwand, die zu Hilfe kam, wenn ein Kunde nicht bezahlte oder Dinge verlangte, die nicht abgesprochen waren. Die Frauen, die bei den Nonnen Zuflucht suchten, gingen auf den Straßenstrich. Dort, das erzählte mir Andrea Koch, ließen sie, geblendet von den Scheinwerfern, die Autos passieren, und wenn eines hielt, mussten sie schnell entscheiden, ob der Mann am Steuer ein akzeptabler Kunde war oder ein Psychopath, von dem man besser die Finger ließ.

Es kam nicht selten vor, dass sich eine der Frauen vom Straßenstrich mit letzter Kraft zu den Nonnen schleppte, weil sie ein Freier geschlagen und aus dem Auto gestoßen hatte, irgendwo im Niemandsland. Im Mirjamhuis gab es ein Schwarzes Brett mit den Autonummern gefährlicher Kunden. So versuchten die Frauen, einander zu warnen.

Der Straßenstrich zog nach massiven Beschwerden der Anwohner innerhalb Amsterdams mehrmals um, und zwei Jahrzehnte lang zogen die Nonnen hinterher und eröffneten immer wieder ein neues Mirjamhuis, bis sie dann eines Tages aufgaben.

Die Öffentlichkeit hört nur ab und zu vom Straßenstrich. Meist, wenn ein Politiker dort erwischt wird – und zurücktreten muss.

Denn spätestens dann endet die Toleranz des »moet kunnen«, auch in den Niederlanden.

Die Zukunft

Hundert Meter entfernt von Mariskas historischem Bordellstübchen entfernt liegt die Zukunft der Wallen, jedenfalls, wenn es nach dem Willen von Rob Stam geht. Er leitet das städtische Projekt 1012 – der Postleitzahl der Wallen –, das die Altstadt irgendwann stubenrein machen soll. Wie um zu demonstrieren, dass er nicht ortsfremd ist, hat er mich für unser Treffen ins Café »Quartier Putain« bestellt, ein ehemaliges Bordell mit vier Fenstern, heute ein einladendes Café mit zwanzig Sorten Tee und Cappuccino im Angebot.

Rob Stam sitzt da im ersten Stock und trinkt in aller Seelenruhe frischen Minztee. Mit seiner weißen Haarmähne, dem englischen Sakko und dem offenen Hemd, die rindslederne Aktentasche an den Stuhl gelehnt, sieht er nicht wie der eiserne Besen aus, eher wie ein Architekt mit vielen Plänen.

Rob Stam will hier Geschäfte ansiedeln, die »sauber« sind und Steuern bezahlen. Viele der jetzigen Geschäfte sind Rob Stam und seinen Kollegen im Rathaus nicht geheuer. Sie bezeichnen sie als »kriminogen«. Eine Wortschöpfung, die bedeutet, dass ein Geschäft anfällig dafür ist, dem Zweck der Geldwäsche zu dienen. Rob Stam nennt als Beispiel Andenkenläden, die wenig umsetzen, aber viel Gewinn ausweisen.

Oder kleine Supermärkte, sogenannte Minimarts, und Telefonläden. Diese Geschäfte hätten nur eine Funktion, erklärt er mir: Sie verwandelten Bargeld aus unklaren Quellen in reguläre Einnahmen, die man zur Bank tragen könne.

Der Stadt ist diese Monokultur von Sex und Drogen schon lange ein Dorn im Auge. Immerhin hat die »Rosse Buurt« eine der besten Lagen in Amsterdam. Rob Stam hat eine Hochglanzbroschüre dabei, der zu entnehmen ist, dass sie in eine Shoppingzone der Luxusklasse umgewandelt werden soll.

Doch noch ist der Kampf nicht entschieden.

»Mit dem Umsatz eines Fensterbordells kann kein anderer Geschäftszweig der Welt mithalten«, sagt Rob Stam und fährt sich mit der Hand durch den dichten weißen Schopf. Die Stadt Amsterdam habe Millionen über Millionen in die Hand genommen, um Bordelle aufzukaufen. Doch dann geriet der Prozess ins Stocken. Das Geld ging aus.

»Im Jahre 2008 gab es hier vierhundertachtzig Fensterbordelle. Wir wollten zweihundert davon aufkaufen und dichtmachen. Jetzt wird es wohl eher so sein, dass nur einhundertsechzig verschwinden werden. Von dem Geld, was man für den Ankauf von ein paar Bordellen auf den Tisch legen müsste, kann die Stadt Amsterdam auch ein Schwimmbad unterhalten. Das überlegen sich die Stadträte sehr gut.«

Des Rätsels Lösung ist ein Ausgleich der Interessen. Schließlich sind wir im Land der Kompromisse. Rob Stam hat noch eine Überraschung parat, die zeigt, dass der Staat auch ein Herz für die »Huren« hat. Ein Komplex von mehreren Grachtenhäusern, den die Stadt Amsterdam zum Preis von über dreißig Millionen Euro vom Bordellbetreiber Charles

Geerts (Spitzname Dikke Geert) gekauft hat, soll dem Projekt »Eigen Raam«, also »eigenes Fenster«, überlassen werden. Die Stadt Amsterdam will über eine gemeinnützige Stiftung den Raum direkt an die Sexarbeiterinnen vermieten, die dann ohne Zuhälter oder Wirte ihren Geschäften nachgehen könnten.

Das ist durchaus im Sinne von Mariska Majoor. Schließlich ist Mariska im Frühjahr 2015 zusammen mit dreihundert Prostituierten, darunter auch einige Männer, auf die Straße gegangen. Was für ein Bild: Am späten Nachmittag gingen alle roten Lichter aus, die Sexarbeiter legten die Arbeit nieder und ließen ihre Kunden Kunden sein.

Vom Oudekerksplein zogen sie quer durchs Rotlichtviertel zum Bürgermeister Eberhard van der Laan, einem ebenso streitbaren wie populären Sozialdemokraten, um dort eine Bittschrift für die Erhaltung ihrer Arbeitsplätze abzugeben.

Die meisten der Demonstranten trugen Masken, um nicht erkannt zu werden. Mariska Majoor ging vorweg, mit einem Megafon. Sie trug ein Schild mit der Aufschrift: »Stop de heksenjacht, wij worden niet verkracht!« – auf Deutsch: »Stoppt die Hexenjagd, wir werden nicht vergewaltigt!«

Der Bürgermeister wollte sich erst nicht blicken lassen, also verschafften sich die Damen und Herren selbst Zugang zur Chefetage. Dort versicherte der oberste Beamte der Stadt ihnen, dass die Entscheidung gefallen sei, weniger Bordelle als zunächst geplant aufzukaufen. Die Stadt habe nichts anderes im Sinn, als ihren Beruf professioneller zu machen, etwa durch leichteren Zugang zu Krediten und Kartenzahlung der Kunden.

Daraufhin gingen die Sexarbeiterinnen zurück an die

Arbeit, knipsten die roten Lampen wieder an. Die Schilder an ihren Fenstern mit den Worten; »Don't save us – save our jobs« ließen sie aber hängen.

»Prostituierte neigen dazu, Einzelgängerinnen zu sein«, erklärt mir Mariska später. »Aber wir wollen nun mal nicht gerettet werden aus dem Beruf, den wir selbst gewählt haben.«

Neuntes Kapitel

Winter in den Niederlanden

*Über maßgeschneiderte Berge, flache Länder
und weite Horizonte.
Über Karambolagen auf der Prinsengracht
und Wohnschiffe, in denen es regnet.
Über eine Segelpartie auf dem Eis.*

Ein Berg für Flevoland

Als Reiseziel für den Winter sind die Niederlande bisher noch nicht besonders aufgefallen. Der große weite Himmel ist wochenlang verhangen, grau und ziemlich trostlos. Zwar gibt es jede Menge Horizont, sogar ein paar Meter beheizte Fahrradwege (bei Wageningen) und leckere heiße »chocomel« am Kachelofen. Was jedoch fehlt in diesem platten Land, das sind die Berge.

Aber das muss ja nicht so bleiben. Es begann im Sommerloch 2011 mit einer Kolumne in dem Gratisblatt *De Pers*. Darin schlug der Sportjournalist und frühere Radrennfahrer Thijs Zonneveld nicht weniger vor als den Bau eines künstlichen Berges von zweitausend Metern Höhe.

Thijs Zonneveld bekannte sich dazu, unter der Geografie seines Landes zu leiden.

»Von der Natur benachteiligt, haben weder niederländische Radrennfahrer noch Alpinsportler je die Chance, Medaillen zu gewinnen. Und das nur, weil es in Holland keine Berge gibt.«

Seit er fünfzehn Jahre alt war, habe er davon geträumt, einen Berg in den Niederlanden zu haben, sagte Zonneveld später. Er habe sogar Berge auf die Landkarten gemalt.

Als Ort für die niederländischen Alpen schlug er die Provinz Flevoland vor: »Wir können so etwas. Wir haben doch unser halbes Land selbst gemacht.«

Die Provinz Flevoland ist der jüngste Teil der Niederlande, mit der Erschließung wurde erst 1916 begonnen. Die höchste Erhebung dort ist acht Meter hoch. Wer quer durch den Polder mit dem Zug von Almere nach Lelystad fährt, sieht Hunderte von Schafen, Kühen und zwischendrin auch große Familien von Rehen.

Platz gibt es genug. Sogar einen Namen schüttelte sich Thijs Zonneveld aus dem Ärmel: »Alp d' Almere.«

Zunächst was es nur ein Spaß. Doch plötzlich fanden sich etwa achtzig Ingenieure, Entwickler, Baufachleute und die wichtigsten Sportverbände des Landes an seiner Seite.

Bisher hat sich jedoch kein großer Investor gemeldet. Die Baukosten könnten durchaus zwanzig Milliarden Euro betragen, sagt Zonneveld. Aber wenn nun so ein Berg auf die Dauer dreißig Milliarden an Einkünften bringe, rechnet er hoch, sei das eine gute Investition. Nötig sei dafür wohl nur ein großer Berg an Selbstvertrauen – und etwa zehn bis zwanzig Quadratkilometer Grund und Boden.

Wenn Zonnevelds Idee eines Tages realisiert würde, müssten die Skifahrer nicht mehr in die Alpen und die Mountainbiker nicht mehr in die Ardennen reisen.

Um ihre Idee international zu testen, reisten die Berg-Enthusiasten aus dem Flachland 2012 zur Städtebaukonferenz »Visionen im 21. Jahrhundert« und suchten dort den Kontakt mit Vertretern der klassischen Bergländer. Die Österreicher reagierten großzügig auf die neue Konkurrenz und boten Zonneveld und seinen Mitstreitern sogar zwei Berge als

Geschenk an. Man habe Gipfel genug. Im Tausch hätten sie gerne eine Nordseeinsel oder das niederländische Königshaus, das auch in Österreich viele Anhänger habe.

Aber Zonneveld lehnte dankend ab. Er wollte lieber einen maßgeschneiderten Berg, zumal geschenkte Erhebungen auch ihre Probleme mit sich brächten. Massive Berge seien für den sumpfigen und nassen Untergrund der Niederlande nicht geeignet. Ein Bergmassiv von 2000 Metern Höhe und 4000 Metern Breite – wie es ihm vorschwebt – würde so schwer auf der Umgebung lasten, dass der Grundwasserspiegel um viele Meter absinken würde. Ein hohler Berg Marke Eigenbau hätte demgegenüber viele Vorteile. Er sei viel leichter, man könne innendrin Fabriken bauen, lichtlose Landwirtschaft betreiben oder CO_2 speichern.

Projekte mit einem Schuss Größenwahn liegen den Niederländern im Blut. Wer hätte schon gedacht, dass es ihnen gelingen würde, eine ganze Provinz dem Meer abzugewinnen – auch wenn das Jahrzehnte gedauert hat und der Erbauer Cornelis Lely damals viel Skepsis ertragen musste.

»Wir würden hier immer noch mit nassen Füßen sitzen, wenn Cornelis Lely den Abschlussdeich nur in seinem eigenen Hintergarten gebaut hätte, wie man es ihm damals geraten hat«, sagt Zonneveld und träumt davon, die Olympischen Winterspiele 2026 in die Niederlande zu holen. Ein Berg, obendrauf eine Skihütte, ein paar Lifte, Milka-Kühe, eine Straße für die Rennradfahrer und einen freien Blick von der Spitze bis nach Brüssel – das ist seine Vision.

Noch hat man mit dem Bergbau nicht begonnen. So vieles gilt es zu bedenken. Könnte ein Berg auf Flevoland den Flugverkehr nach Amsterdam behindern? Wie würde sich – alternativ – eine Erhebung im Wattenmeer auf den Schiffsverkehr auswirken?

Thijs Zonneveld hat jedenfalls eine Sehnsucht geweckt. Wer weiß, für den Bau des Kölner Doms brauchte es auch ein paar Jahrhunderte.

Niederländer sind zäh. Flache Länder haben einen weiten Horizont.

Kleine Fluchten

Solange die Niederländer im eigenen Land nicht hoch hinaus-
können, müssen sie eben das Weite suchen. Am besten geht
das an der Nordsee und auf den Inseln vor der Küste, auf Texel,
Vlieland, Terschelling, Ameland und Schiermonnikoog.

Meine Mutter selig sprach immer davon, dass Menschen und
Bettwäsche eines gemeinsam haben: Sie sollten im Winter
»auslüften«. Das sei besser als aufeinanderzuhocken. Die
Niederländer nennen das »uitwaaien«, sich durchblasen lassen.

Mich zieht es auf die kleinste Insel – nach Vlieland. Sie
hat einen zwölf Kilometer langen Strand, ein Kaufhaus en
miniature, einen inseleigenen Pottwal und einen Leuchtturm
in Rot-Weiß. Es gibt nur noch einen einzigen Ort auf dieser
Insel ganz im Osten, der andere Ort ist im 17. Jahrhundert
weggeweht und fortgespült worden. Ein kleiner Punkt auf der
Inselkarte markiert die Stelle im Meer, wo West-Vlieland einmal lag.

Nach Vlieland kommt man mit dem Schiff von Harlin-
gen in Friesland. Die Reise dauert knapp zwei Stunden übers
Meer. Das Fährschiff ist sehr gedrungen und unbedingt see-

tüchtig. Das ist beruhigend. Als ich übersetzte, herrschte Windstärke sechs – da bilden sich große Wellen, das Meer beginnt zu schäumen –, und auf dem Rückweg legte der Wind zu auf Stärke acht. Das nennt man dann schon Sturm.

Oben auf Deck stellen die Insulaner ihre Autos ab. Besucher dürfen nur zu Fuß oder mit dem Fahrrad nach Vlieland – und alle zusammen gehen dann an Bord des Schiffes eine kleine Treppe hinunter zu den Salons oder ans Buffet im Untergeschoss und sitzen auf roten Lederbänken knapp über der Wasserlinie im Bauch des Schiffes.

Jedes Jahr weht der Wind Millionen Kubikmeter Vlieländer Sand in die See, die dann alljährlich wieder aufgeschüttet werden. Sand landet überall, zwischen den Zehen, auf der Kopfhaut und in den Gästezimmern, weshalb Gäste angehalten werden, ihre Schuhe draußen abzuklopfen.

In den Pensionen und kleinen Hotels entlang der Dorpsstraat sind in der Nebensaison Gespräche mit dem Personal möglich und erwünscht. Die Wirtsleute helfen mir bereitwillig bei der Suche nach den Walknochen, die hier früher die Gräber geschmückt haben sollen.

Tatsächlich war Vlieland einst Stützpunkt einer beachtlichen Walfangflotte. 1614 gründeten niederländische Hafenstädte ein Kartell, die »Noordse Compagnie«, und ließen die Walfangboote von Kriegsschiffen begleiten. Damals dominierten die Engländer die Jagd auf die großen Meeressäugetiere. Jagdregion waren die Gewässer zwischen Spitzbergen und Jan Mayen, etwa dreitausend Kilometer von Vlieland entfernt. Dieser Teil der Arktis trägt nicht zufällig niederländische Namen. Die Inselgruppe tausend Kilometer unterm

Nordpol wurde 1596 von dem niederländischen Steuermann Willem Barentsz entdeckt, als der den Seeweg nach Asien über die Nordroute suchte.

Die Walfänger stachen alljährlich im Juni in See und kamen im Oktober wieder zurück. Sie brachten von ihren Reisen Fässer mit Tran zurück, der damals als Lampenöl, aber auch als Schmiermittel für die Manufakturen sehr begehrt war. Immer wieder schleppten Seeleute auch Knochen der gigantischen Tiere zurück in die Heimat. Einige davon landeten auf dem Friedhof von Vlieland als Grabsteine, oder sie endeten als Zaunpfähle auf den Feldern.

Bis vor einhundert Jahren standen die Knochen noch auf dem Friedhof der kleinen protestantischen Dorfkirche – und hatten schwer unter der salzigen Luft zu leiden. Sechs Unterkieferknochen von drei Metern Länge schienen noch zu retten, die anderen waren vergammelt. Die Vlieländer Chronik besagt, dass es die letzten intakten Walknochen in den Niederlanden waren, also erbarmte sich der Pastor und gab ihnen Asyl im Gotteshaus. Das war 1920. Sie stehen da immer noch.

Leider ist die Kirche geschlossen, als ich mir die Knochen ansehen will. Doch Pastor Frans Weeda, den ich in seiner Samstagsruhe störe und der im Pulli und in Jeans und halbrasiert an die Pforte kommt, versteht mein Anliegen und macht mir einen Vorschlag: Wenn ich am Sonntag in den Gottesdienst komme, zeigt er mir am Montag die Reste der Wale in der Kirche.

Und so geschieht es. Die Kirche ist am Sonntag gut gefüllt – Insulaner und Gäste gemischt – und annähernd geheizt. Wir singen acht Lieder, die Begleitung kommt vom Flügel, die

Pianistin vom Festland. Die Predigt ermuntert dazu, mit beiden Beinen auf dem Boden zu bleiben – und sich selber treu.

Die Kirche kommt ohne Pomp aus. Bilder sind nach Calvins Lehre schließlich ein Götzendienst. Und doch ist diese Kirche alles andere als nackt. Dafür sorgt das Strandgut: zwei hölzerne Pfeiler stammen vom Mast eines großen Segelschiffs, die Kanzel ist aus den Schranktüren einer alten Kajüte zusammengezimmert, und gegenüber der kircheneigenen Kaffeetheke stehen sechs monumentale Walknochen, die ich mir am Tag darauf genauer anschaue.

Einer bewachte das Grab des verstorbenen Kapitäns Schipper Cornelius Boef. Er wurde einundachtzig Jahre und drei Monate alt und fuhr von 1704 bis 1719 als Skipper zur See. Die Daten sind gut abzulesen. Walfischknochen lassen sich besser gravieren als manche Steine. Die Schrift ist auch nach dreihundert Jahren leicht zu entziffern.

Kleine Deals wie dieser – Kirchbesuch gegen Walfischschau – halten die Inselgemeinschaft zusammen. In der Chronik von Vlieland erzählt der Chef des Wattenzentrums Marc ter Ellen, wie er Anschluss an die dörfliche Gemeinschaft fand. Ein Aquarium war leck, das Wasser floss und floss, und die Fische zappelten. In seiner Not – er war neu auf der Insel – rief er die Freiwillige Feuerwehr. Die kam auf der Stelle, um anzupacken. Verlangte aber eine kleine Gegenleistung: Er müsse bei ihnen Mitglied werden!

Heute werden die Vlieländer vor allem dann an ihre Vergangenheit als Walfänger erinnert, wenn alle paar Jahre ein Pottwal antreibt. Dann rennt die ganze Insel an den Strand. Pottwale sind nicht zu übersehen. Sie wiegen fünfzig Tonnen, sind lang wie ein Lastwagen mit Anhänger und haben Zähne. Sie sind Jäger und vor allem für ihren immensen Appetit bekannt: Die Tagesnahrung beträgt etwa 1,5 Tonnen Fisch und Krustentiere. Wenn sich ein Pottwal in der Nordsee verirrt, bedeutet das meist auch sein Ende, denn die Nordsee ist relativ flach, und ein Pottwal lebt von Tauchgängen in die Tiefsee, wo er sich mit Riesentintenfischen herumschlägt, den Kalmaren.

Als 2004 ein Jungtier am Strand von Vlieland angeschwemmt wurde, schickte die Armee ihren größten Bagger, um das Tier zu bergen. Das Skelett dieses Exemplars steht inzwischen im Watt-Zentrum und füllt das halbe Erdgeschoss.

Sahara in der Nordsee

Auf den Inseln kann man schnell erfahren, dass es Kräfte gibt, die stärker sind als man selbst. Wo man sich fügen muss. So etwa, wenn die ganzjährig angebotene Sonntagsfahrt mit dem Dampfer »PHOCA« zu den Robbenbänken ausfällt, weil draußen die Wellen zu hoch gehen. Dafür kommen dann – im November und Dezember – die Robben an Land. Es passiert immer wieder, dass sich eine junge Kegelrobbe im weißen Winterpelz noch etwas unbeholfen über die Uferstraße schiebt. Der frühe Winter ist die Zeit, wenn die Kegelrobben Kinder kriegen. Falls man später den Nachwuchs alleine antrifft, ist die Mutter gerade auf Fischfang.

Vlieland hat auch ein Stück Sahara, so groß, dass die niederländische Armee manchmal während der Woche in einem abgesperrten Teil herumballert und dort halbversunkene Panzerwracks aus dem Sand ragen. Durch die Sahara kommt man am besten mit einem umgebauten hochbeinigen Ex-Armeefahrzeug, vorbei an einer Hütte, wo früher die Schiffbrüchigen ihr erstes Dach über dem Kopf fanden.

Am Tag vor meiner Abfahrt dreht der Sturm richtig auf. Der Weg mit dem Leihfahrrad durch die Dünen zur alten Poststation dauert Stunden, auf der Rückfahrt wird die Daunenjacke zum Segel und der Wind treibt mich ohne eine einzige Kurbelumdrehung mühelos wieder ins Dorf.

Der Himmel ist blau und grau und grün in hundert Nuancen.

Am Fenster meiner Dachkammer rasen die Wolken vorbei. Alles, was am Haus lose ist, knirscht und klappert, rattert, pfeift und quietscht. Nachts stelle ich mir vor, dass das Haus hin- und herschwankt. Aber das ist unmöglich: Was am Meer gebaut ist, muss standhalten. Sonst wäre es schon längst weg.

Am Montagmorgen kommt dann »de bel« durch die Dorpsstraat, der Ausrufer des Ortes, ein Mann mit Pudelmütze und roten Wangen. Auf dem Fahrrad macht er die Runde. Er schlägt dreimal eine gusseiserne Glocke, dann greift er zum Megafon: »Heute fährt nur das Boot um zwölf. Wegen des Sturms. Das Abendboot fällt aus.«

Es gibt Schlimmeres, als auf Vlieland hängen zu bleiben. Vielleicht könnte ich hier ein Haus kaufen und mich der freiwilligen Feuerwehr anschließen, Robbenbabys betrachten, jeden Tag im Meer baden und steinalt werden? Schon jetzt hat der Gang durch die Dorfstraße etwas Familiäres: Wer hat Besuch? Wer guckt gerade was im Fernsehen? Was steht auf dem Tisch? Doch dann überfällt mich ein Hauch von Inselkoller, und ich nehme das Mittagsboot.

Man kann ja wiederkommen.

Die Eissegler von Monnickendam

Auf den alten Bildern des Goldenen Jahrhunderts sieht man das niederländische Volk vereint auf zugefrorenen Grachten und Binnenmeeren. Es wird Eishockey gespielt, flaniert und auf Kufen um die Wette gelaufen. Doch einem Mann war das noch zu langsam. Der Werkzeugbauer Simon Stevin schlug dem Regenten Prins Maurits, dem er gelegentlich Mathematikstunden gab, vor, ein Schiff auf Räder zu setzen.

Der Regent ließ sich begeistern, stellte Stevin als Ingenieur an und ließ den ersten »Strandwagen« bauen.

Die Jungfernfahrt führte im Februar 1602 über den Strand von Scheveningen nach Putten in nur zwei Stunden – mit einer damals bahnbrechenden Durchschnittsgeschwindigkeit von fünfzig Kilometern pro Stunde. Aus dem Strandwagen wurde das Schiff auf Kufen. Das war der Beginn des Eissegelns – für alle Liebhaber von Geschwindigkeit, Kälte und Wind.

Wenn die Tulpen im Winterschlaf liegen, beginnt in den Niederlanden die Zeit, in der auch heute noch jedweder vom Eis träumt. Allen voran die Männer von Monnickendam, einem alten Fischerdorf am IJsselmeer. Seit einunddreißig Jahren basteln sie jeden Samstag von acht bis zwölf Uhr an ihren

Seglern. Sie stehen im Erdgeschoss einer alten Bootshalle um zwei hölzerne Bootskörper mit Mast und Segel herum und fachsimpeln, setzen hier eine Leine und prüfen dort die Festigkeit eines Vorsegels. Sie heißen Jan und Joop, Ton und Henk, tragen alle Blaumann, darunter Seemannspullis, die jüngeren auch Daunenwesten. Ein paar sind Rentner, andere noch in den Fünfzigern. Manche der Holzboote sind doppelt so alt, eines stammt sogar von 1810.

In dieser eingeschworenen Gruppe gibt es Regeln. Wehe, jemand nimmt Plastiksegel, wie es mittlerweile im Segelsport üblich ist, weil Baumwolle eher vergammelt und schneller reißt. Man darf Baumwollsegel auf keinen Fall nass zusammenrollen, dann fangen sie an zu schimmeln. Kunststoffsegel verzeihen das schon eher einmal. Aber damit kann man den Eisseglern von Monnickendam nicht kommen.

Jan hisst gerade ein Vorsegel. Das Segelkleid ist schon etwas vergilbt und gibt einen leicht muffigen Geruch frei. Er spannt die Leine, und das Segel strafft sich, reißt aber nicht.

Wenn man Jan fragt: »Warum nehmt ihr nichts Moderneres?«, kommt die Antwort wie aus der Pistole geschossen: »Nein, mit Nylon darf man sich hier nicht sehen lassen.« – »Warum? Fangen dann alle an zu lachen?« – »Das kann man einfach nicht machen. Es muss Baumwolle sein wie früher.«

Ende der Diskussion. Jan ist der Wortführer der Gruppe.

Seit Jahrhunderten flitzen die Niederländer nun schon mit ihren Segelschlitten übers Eis, mit Lasten oder nur zum Vergnügen. In der Werkstatt oberhalb des Bootshauses von Monnickendam liegen ein Dutzend historischer Eissegler in allen Farben und Größen. Die Männer basteln und schnitzen, flicken und nähen an ihren Oldtimern. Sie rühren ihre eigenen Farben an, bauen neue Ruderblätter und schleifen und lasieren die Bordwände.

Doch es gibt Jahre, da fehlt dem Ganzen die Erfüllung. Das Eis kommt nicht, oder es ist zu dünn.

Es sind leider immer mehr Winter, in denen das Wasser offen bleibt. Wenn man die Eissegler fragt, ob sie manchmal vom Reich der Kälte träumen, von Kanada etwa oder von Schweden, wo es zuverlässig Eis auf den Seen gibt, dann zeigen sie sich als wahre Patrioten.

»Da oben ist zwar viel Platz, aber es ist doch langweilig. Nicht gesellig!«, sagt Henk.

Und Ton ergänzt: »Da siehst du keinen Menschen auf dem Eis, nur Rentiere …«

Eis auf den Grachten

Dann kommt er doch, der Winter, der die Grachten zufrieren lässt, sogar die Prinsengracht mitten in Amsterdam. Es ist 2012 und das erste Mal seit einer halben Ewigkeit, dass das Eis in Amsterdam für ein paar Tage trägt.

Wenn man sich die parkenden Autos wegdenkt und die Mobilfunkgeräte und Straßenlaternen, dann ist man auf einmal im Goldenen Zeitalter. Menschen jeden Alters, mit Mütze, Schal und Handschuhen vermummt, die Arme in die Hüften gestemmt, ein Schritt nach links, einer nach rechts. Unter den Brücken kommt es zu kleinen Staus. Erst mal schauen, ob der Mann vor einem durchkommt. Wer weiß, ob das Eis hier auch trägt?

Jedes Knacken wird genau registriert.

Mitten im schönen Lauf stoße ich mit einem jungen Engländer zusammen. Wortlos rappeln wir uns wieder auf. Mit einem blauen Auge, Knochen auf Knochen. Weil der eine an Linksverkehr und der andere an Rechtsverkehr gewöhnt ist, kam es zum Frontalzusammenstoß.

Etwas wackelig auf den Beinen rette ich mich auf die »Franscisus«, das in die Jahre gekommene Wohnboot von Ines, Wolfgang und ihren drei Kindern, das ein paar hundert Meter weiter direkt vor dem Amsterdamer Rathaus am Kai liegt, eingeschlossen im Eis.

Es regnet zwar nicht ins Schiff, wie von Ines befürchtet, dafür ist die Wasserleitung eingefroren – und zwar genau an dem Stück, wo der Schlauch draußen frei liegt, zwischen Bordwand und Kai.

Ines, mit Zipfelmütze und roten Wangen, steht da und begießt das Rohr, Kessel für Kessel. Sohn Ole versorgt sie mit Nachschub. Hinter ihnen liegen ein paar Nächte voll ungewohnter Geräusche.

»Die Nachbarn hatten uns gewarnt vor dem Eis und all dem Krach, den es macht. Anfangs hatte ich auch Angst um unser Schiff.«

Während Ines das heiße Wasser über das Rohr gießt, fährt mit lauten Knirschen und Krachen ein Ausflugsboot vorbei.

Ines schüttelt den Kopf. »Aber jetzt finde ich es eher schade, dass die Rundfahrtboote das Eis offen halten. Es wäre so schön, sich von Bord zu schwingen und einfach loszulaufen auf Schlittschuhen.«

Dreimal so schnell wie der Wind

Ein paar Tage hält der Frost noch an, und bevor es dann wieder taut, kommt der ersehnte Tag, am dem das Eis auch für die Eissegler trägt. Mindestens zehn Zentimeter muss es dick sein. Die Gouwzee, ein kleines flaches Binnenmeer zwischen Monnickendam und der Insel Marken, friert immer als Erstes zu.

In der Bucht vor der Sommerbadestelle von Monnickendam ist der Sammelpatz. Es weht zuverlässig aus West an diesem grauen Tag mit den starken Kontrasten. Der Eissegler »Prins van Oranje« hat die niederländische Trikolore über die Toppen geflaggt; ein Meer von roten, himmelblauen und gelben Schiffen vor den verwaschenen Farben des Schilfs.

Jetzt wird nicht mehr gehämmert und geflickt. Jan bittet darum, mit anzuschieben, und langsam nimmt der Segler Fahrt auf. Kapitän und Besatzung – und dazu gehöre diesmal auch ich – klettern schnell hinein, den Schal um den Hals und den Helm auf dem Kopf. Das Boot ist gerade noch gut auf den Kufen zu halten.

Stundenlang fahren Jan und die anderen auf und ab, hinaus auf die Gouwzee. Eine letzte Männerbastion, schon Jans Großvater segelte diesen Kurs. Es ist ziemlich laut an Bord, die Kufen donnern übers Eis. Wenn ein Boot wenden will, muss der Steuermann erst einmal Fahrt aufnehmen und dann einen enormen Wendekreis fahren. Eissegler sind schneller als Segelboote und bis zu dreimal schneller als der Wind. Wir sausen in zehn Metern Abstand aneinander vorbei mit der Geschwindigkeit des Strandwagens von 1601. Es gibt Fußgänger, Schlittschuhläufer und Strandsegler auf dem Eis. Das könnte auch schiefgehen, geht es aber nicht.

»Trotz des hohen Tempos kommt es kaum zu Unfällen«, sagt Jan. Niederländer sind es gewohnt, einander auszuweichen. Es gibt eiserne Regeln. Backbord hat Vorfahrt und Schlittschuhläufer haben das sowieso. »Aber wenn dir mal was passiert, etwa dass du an einer dünnen Stelle durchs Eis brichst, dann reden sie noch dreißig Jahre später davon.«

Und dann grinst er und fügt hinzu: »Moet kunnen.«

Anders gesagt: Das muss drin sein.

So ist das in einem Land, in dem jeder jeden kennt.

Da passt man aufeinander auf.

Dank

Ohne Rob Hoogenboom hätte ich dieses Buch nie schreiben können. Mit Rob an der Seite kann einfach nichts schiefgehen. In seiner Kommunität in Amsterdam Nieuw West fand sich während meiner langen Recherchen immer ein Bett – und Raum für Gespräche über Gott und die Welt.

Rob hat mich in seine Großfamilie eingeführt. Joop und Marianne, Fred und Emy, Tineke und Jitske waren wunderbare Gastgeber und Gesprächspartner.

Isabel Wirtz hat mir jahrelang Tür und Tor in den Niederlanden geöffnet. Sie und Helmut Roedner, Rob Hoogenboom, Jutta Niesbach, Marjan de Bo, Ines Beeker, Paul Öfner und Reintje Gianotten waren Erstleser, wie ich sie mir besser nicht hätte wünschen können.

Hein Cuppen, Ton Nijhuis und Alex von Stipriaan haben meinen Blick auf die Niederlande geschärft. Die Begegnungen mit Tinie IJsberg (und Truus Menger) werde ich nie vergessen.

Maryam el Rahmouni und Ahmed Aboutaleb haben mir gezeigt, wohin die Reise geht.

Katrin Konst und Alexandra Kleijn bin ich dankbar für klare Worte und gute Tipps. Florian Mohnert für einen Einblick in sein Studentenleben in Groningen. Thomas Schimmack für seine Geistesblitze und Wolf Lengwenus für seinen Mut.

Carlos van der Veek hat sein Wissen über Tulpen geteilt; Mariska Majoor die Arbeit im Rotlichtviertel erklärt.

Dank an meine Lektorin Ursula Bergenthal, die wie keine zweite es versteht, mich zu fordern und zu fördern, und an Regina Kammerer, die die Hand darüber hält.

Das Buch ist während einer Auszeit entstanden.

Meine Chefs Andreas Cichowicz und Gabi Kostorz haben mich ziehen lassen, und Dagny Herzog von der NDR Personalabteilung hat die Weichen dafür gestellt.

Ich danke meiner Frau Jutta Jacobi, dass sie mich immer wieder ermuntert hat, ein politisches Buch so persönlich zu schreiben.

Hamburg/Amsterdam 2016

Literatur zum Weiterlesen

Dik Linthout, Frau Antje und Herr Mustermann, Niederlande für Deutsche, Christioph-Links Verlag, 2010.

Kerstin Schweighöfer, Auf Heineken könn wir uns eineken, Piper, 2012.

Boris U. Schlizio, Ute Schürings, Alexander Thomas, Beruflich in den Niederlanden, Vandenhoeck & Ruprecht, 2008.

Gerd Busse, Typisch Niederländisch – Die Niederlande von A bis Z, Agenda Verlag, 2012.

Friso Wielenga, Markus Wilp (Hrsg.), Die Niederlande – Ein Länderbericht, Bundeszentrale für politische Bildung, 2015.

Ben Coates, Why the Dutch are different – A journey: into the Hidden Heart of the Netherlands, Nicholas Brealey Publishing, 2016.

Geert Mak, Kleine Geschichte der Niederlande, Beck, 2013.

Geert Mak, Das Jahrhundert meines Vaters, btb, 2005.

Harry Mulisch, Das Attentat, Rowohlt, 2000.

Peter Buwalda, Bonita Avenue, Rowohlt 2014.

Leon de Winter, Ein gutes Herz, Diogenes, 2015.